A Crise do Islã

Bernard Lewis

A Crise do Islã

Guerra santa e terror profano

Tradução:
Maria Lúcia de Oliveira

ZAHAR

Para Harold Rhode com amizade

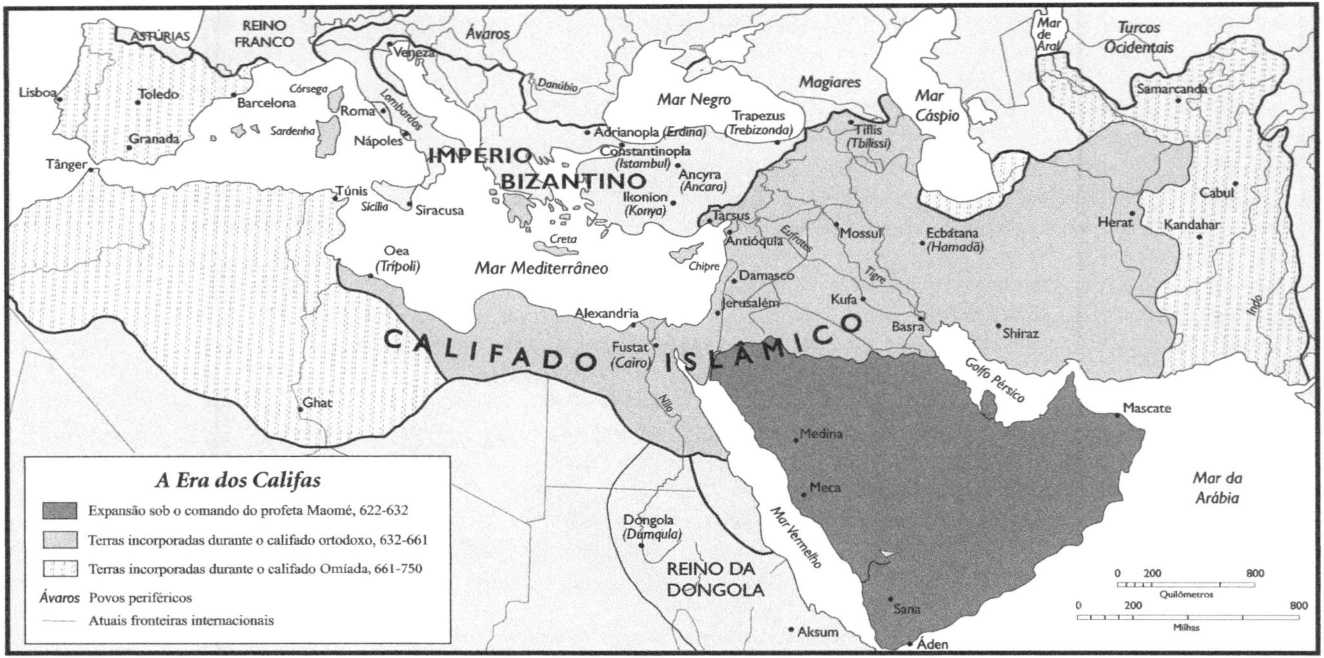
A Era dos Califas
Expansão sob o comando do profeta Maomé, 622-632
Terras incorporadas durante o califado ortodoxo, 632-661
Terras incorporadas durante o califado Omíada, 661-750
Ávaros Povos periféricos
Atuais fronteiras internacionais
CALIFADO ISLÂMICO
IMPÉRIO BIZANTINO
REINO FRANCO
ASTÚRIAS
REINO DA DONGOLA
Ávaros
Magiares
Turcos Ocidentais
Lombardos
Mar Negro
Mar Cáspio
Mar de Aral
Mar Mediterrâneo
Mar Vermelho
Golfo Pérsico
Mar da Arábia
Danúbio
Eufrates
Tigre
Nilo
Indo
Córsega
Sardenha
Sicília
Creta
Chipre
Lisboa
Toledo
Granada
Tânger
Barcelona
Roma
Nápoles
Veneza
Túnis
Siracusa
Oea (Trípoli)
Ghat
Adrianopla (Erdina)
Constantinopla (Istambul)
Ancyra (Ancara)
Ikonion (Konya)
Trapezus (Trebizonda)
Tarsus
Antióquia
Damasco
Jerusalém
Alexandria
Fustat (Cairo)
Dongola (Dumqula)
Aksum
Tiflis (Tbilissi)
Mossul
Kufa
Basra
Ecbátana (Hamadã)
Shiraz
Herat
Kandahar
Cabul
Samarcanda
Medina
Meca
Sana
Áden
Mascate
0 200 800
Quilômetros
0 200 800
Milhas

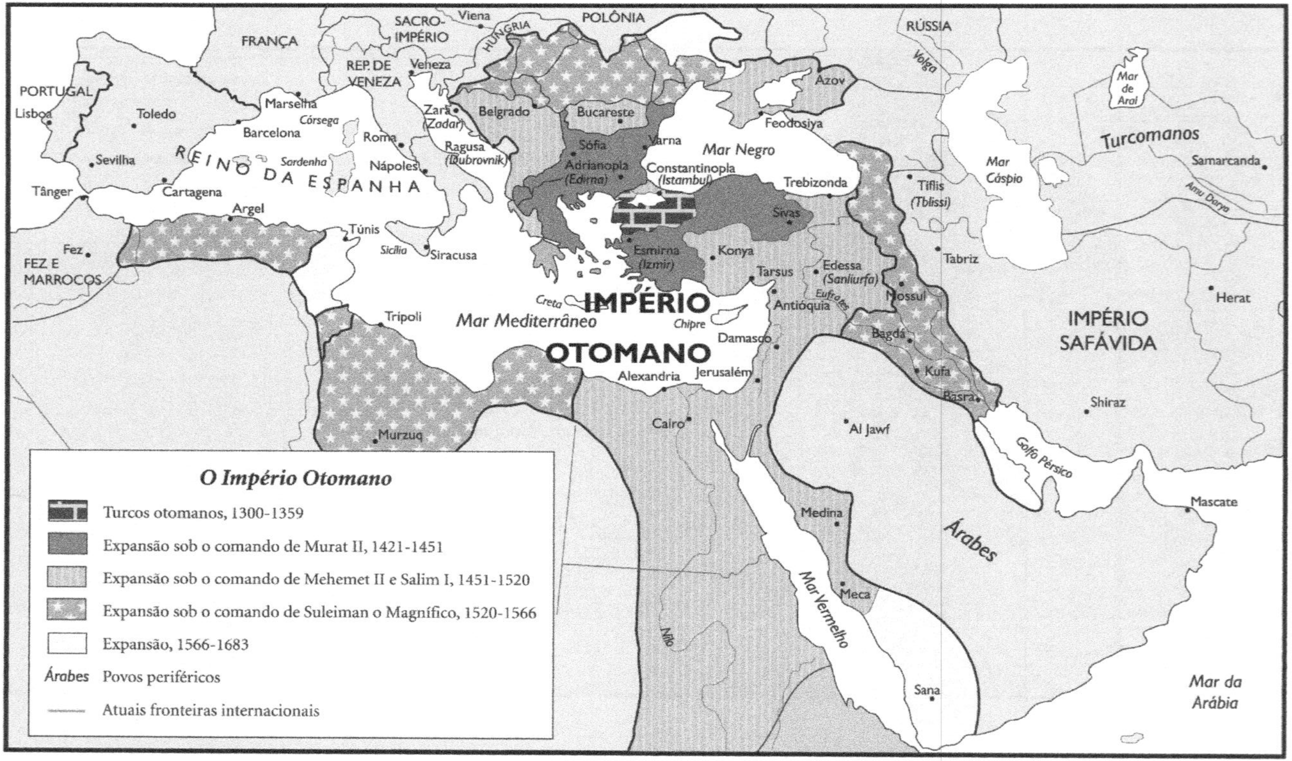
O Império Otomano
Turcos otomanos, 1300-1359
Expansão sob o comando de Murat II, 1421-1451
Expansão sob o comando de Mehemet II e Salim I, 1451-1520
Expansão sob o comando de Suleiman o Magnífico, 1520-1566
Expansão, 1566-1683
Árabes Povos periféricos
Atuais fronteiras internacionais
IMPÉRIO OTOMANO
IMPÉRIO SAFÁVIDA
REINO DA ESPANHA
PORTUGAL
FRANÇA
SACRO-IMPÉRIO
REP. DE VENEZA
HUNGRIA
POLÔNIA
RÚSSIA
FEZ E MARROCOS
Turcomanos
Árabes
Mar Mediterrâneo
Mar Negro
Mar Cáspio
Mar de Aral
Mar Vermelho
Golfo Pérsico
Mar da Arábia
Lisboa
Toledo
Sevilha
Tânger
Fez
Cartagena
Barcelona
Marselha
Córsega
Sardenha
Argel
Túnis
Sicília
Siracusa
Roma
Nápoles
Veneza
Viena
Zara (Zadar)
Ragusa (Dubrovnik)
Belgrado
Bucareste
Sófia
Adrianopla (Edirna)
Varna
Constantinopla (Istambul)
Esmirna (Izmir)
Konya
Sivas
Trebizonda
Feodosiya
Azov
Volga
Tíflis (Tblissi)
Tabriz
Edessa (Sanliurfa)
Eufrates
Tarsus
Antióquia
Mossul
Bagdá
Kufa
Basra
Creta
Chipre
Trípoli
Murzuq
Alexandria
Cairo
Nilo
Damasco
Jerusalém
Al Jawf
Medina
Meca
Sana
Shiraz
Herat
Samarcanda
Amu Darya
Mascate

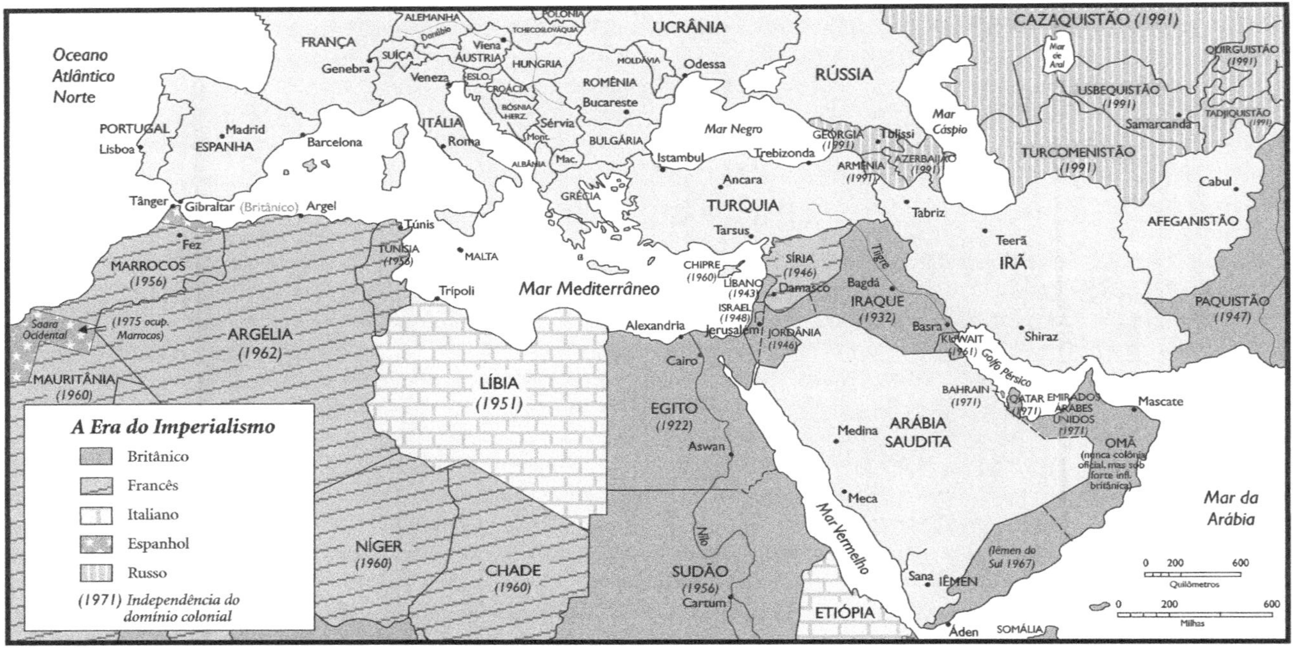
A Era do Imperialismo
Britânico
Francês
Italiano
Espanhol
Russo
(1971) Independência do domínio colonial
Oceano Atlântico Norte
PORTUGAL
Lisboa
ESPANHA
Madrid
Barcelona
FRANÇA
Genebra
SUÍÇA
ALEMANHA
Danúbio
ÁUSTRIA
Viena
TCHECOSLOVÁQUIA
POLÔNIA
HUNGRIA
ESLO.
CROÁCIA
BÓSNIA HERZ.
Sérvia
Mont.
ALBÂNIA
Mac.
ITÁLIA
Veneza
Roma
MALTA
GRÉCIA
BULGÁRIA
ROMÊNIA
Bucareste
MOLDÁVIA
UCRÂNIA
Odessa
RÚSSIA
Mar Negro
Istambul
Trebizonda
Ancara
TURQUIA
Tarsus
GEÓRGIA (1991)
Tbilissi
ARMÊNIA (1991)
AZERBAIJÃO (1991)
Mar Cáspio
CAZAQUISTÃO (1991)
Mar de Aral
QUIRGUISTÃO (1991)
USBEQUISTÃO (1991)
Samarcanda
TADJIQUISTÃO (1991)
TURCOMENISTÃO (1991)
Cabul
AFEGANISTÃO
PAQUISTÃO (1947)
Tabriz
Teerã
IRÃ
Shiraz
Tânger
Gibraltar (Britânico)
Argel
Fez
MARROCOS (1956)
Saara Ocidental
(1975 ocup. Marrocos)
MAURITÂNIA (1960)
ARGÉLIA (1962)
Túnis
TUNÍSIA (1956)
Trípoli
Mar Mediterrâneo
LÍBIA (1951)
NÍGER (1960)
CHADE (1960)
CHIPRE (1960)
LÍBANO (1943)
SÍRIA (1946)
Damasco
ISRAEL (1948)
Jerusalém
JORDÂNIA (1946)
Alexandria
Cairo
EGITO (1922)
Aswan
Nilo
SUDÃO (1956)
Cartum
ETIÓPIA
Tigre
Bagdá
IRAQUE (1932)
Basra
KUWAIT (1961)
Golfo Pérsico
BAHRAIN (1971)
QATAR (1971)
EMIRADOS ÁRABES UNIDOS (1971)
Mascate
OMÃ (nunca colônia oficial, mas sob forte infl. britânica)
Medina
ARÁBIA SAUDITA
Meca
Mar Vermelho
Sana
IÊMEN
(Iêmen do Sul 1967)
Áden
SOMÁLIA
Mar da Arábia
0 200 600 Quilômetros
0 200 600 Milhas

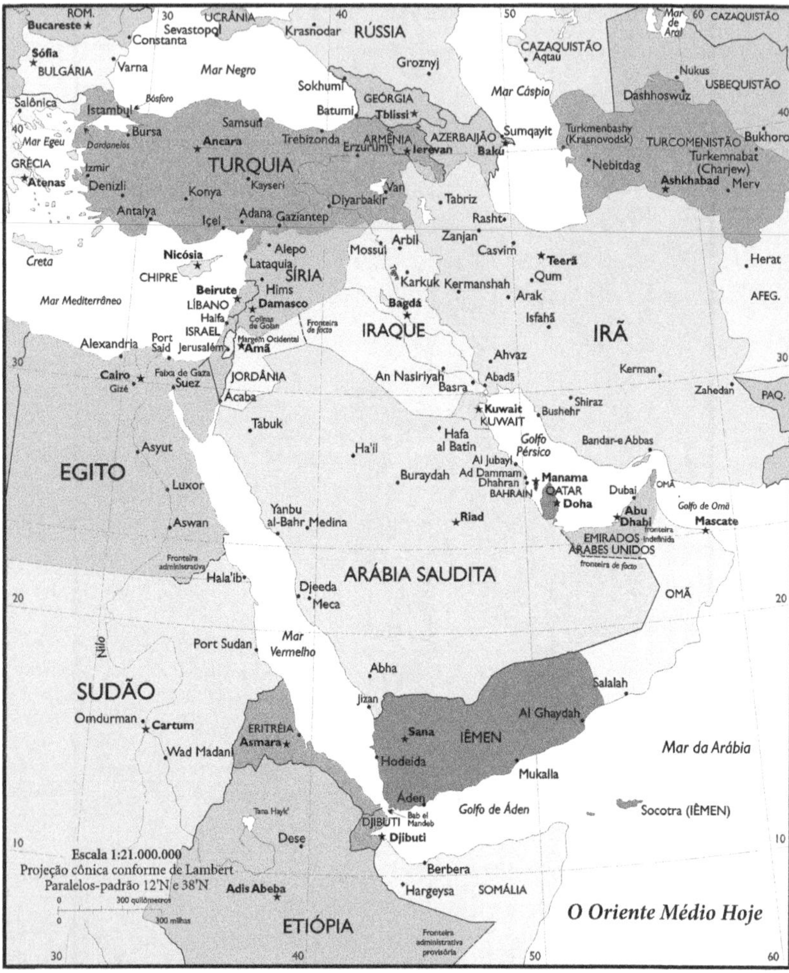

O Oriente Médio Hoje
Escala 1:21.000.000
Projeção cônica conforme de Lambert
Paralelos-padrão 12'N e 38'N
TURQUIA
SÍRIA
IRAQUE
IRÃ
EGITO
ARÁBIA SAUDITA
SUDÃO
IÊMEN
ETIÓPIA
RÚSSIA
JORDÂNIA
LÍBANO
ISRAEL
CHIPRE
KUWAIT
QATAR
BAHRAIN
EMIRADOS ÁRABES UNIDOS
OMÃ
ERITRÉIA
DJIBUTI
SOMÁLIA
GEÓRGIA
ARMÊNIA
AZERBAIJÃO
TURCOMENISTÃO
USBEQUISTÃO
CAZAQUISTÃO
GRÉCIA
BULGÁRIA
UCRÂNIA
ROM.
AFEG.
PAQ.
Mar Negro
Mar Cáspio
Mar Mediterrâneo
Mar Vermelho
Golfo Pérsico
Mar da Arábia
Golfo de Áden
Golfo de Omã
Mar Egeu
Mar de Aral
Ancara
Istambul
Teerã
Bagdá
Damasco
Beirute
Amã
Jerusalém
Cairo
Riad
Kuwait
Manama
Doha
Abu Dhabi
Mascate
Sana
Áden
Cartum
Asmara
Djibuti
Adis Abeba
Nicósia
Atenas
Sófia
Bucareste
Tbilissi
Ierevan
Baku
Ashkhabad
Socotra (IÊMEN)

INTRODUÇÃO

O Presidente Bush e outros políticos ocidentais têm feito grandes esforços para deixar claro que a guerra na qual estamos engajados é uma guerra contra o terrorismo – não contra os árabes ou, em termos mais gerais, contra muçulmanos, instados a se juntarem a nós nessa batalha contra o inimigo comum. A mensagem de Osama bin Laden é o contrário disso. Para ele e seus seguidores, essa é uma guerra religiosa, uma guerra do islã contra os infiéis e, portanto, inevitavelmente, contra os Estados Unidos, a maior potência do mundo infiel.

Em seus pronunciamentos, Bin Laden faz referências freqüentes à história. Uma das mais dramáticas foi em seu vídeo de 7 de outubro de 2001, quando se referiu à "humilhação e desgraça" que o islã sofreu por "mais de oitenta anos". A maior parte dos observadores norte-americanos e europeus do Oriente Médio começou uma busca ansiosa por alguma coisa que tivesse acontecido há "mais de oitenta anos", e surgiram várias respostas. Podemos ter bastante certeza de que os ouvintes muçulmanos de Bin Laden – as pessoas às quais se dirigia – entenderam a alusão imediatamente e valorizaram a sua importância.

Em 1918, o sultanato otomano, o último dos grandes impérios muçulmanos, foi finalmente derrotado – sua capital, Constantinopla, foi ocupada, seu soberano feito cativo e a maioria de seu território partilhado entre os Impérios vitoriosos: o Britânico e o Francês.

As antigas províncias otomanas de língua árabe do Crescente Fértil foram separadas e deram origem a três novas entidades, com novos nomes e fronteiras. Duas delas, Iraque e Palestina, ficaram sob o mandato britânico, e a terceira, com o nome Síria, foi dada para os franceses. Mais tarde, esses últimos dividiram seu mandato em duas partes, chamando uma de Líbano e mantendo o nome Síria para a outra. Os britânicos fizeram algo bem parecido na Palestina, criando uma divisão entre as duas margens do Jordão. A parte oriental foi chamada Transjordânia e, mais tarde, simplesmente Jordânia; o nome Palestina foi mantido e reservado para a margem ocidental, ou seja, a parte propriamente cisjordaniana do país.

Considerava-se, naquela época, que não valia a pena assumir o controle da Península Arábica, formada, em grande parte, por desertos e montanhas estéreis e inacessíveis, e seus governantes tiveram permissão de manter uma independência precária e limitada. Os turcos acabaram conseguindo liberar a Anatólia, sua terra natal, não em nome do islã, mas através de um movimento nacionalista secular liderado por um general otomano chamado Mustafa Kemal, mais conhecido como Kemal Ataturk. Mesmo tendo lutado, com sucesso, para libertar a Turquia do domínio ocidental, foi ele quem deu os primeiros passos para a adoção de caminhos ocidentais – ou, como preferia dizer, caminhos modernos. Um de seus primeiros atos, em novembro de 1922, foi abolir o sultanato.

O soberano otomano era não apenas um sultão, o dirigente de um Estado específico; era também amplamente reconhecido como o califa, o chefe de todo o islã sunita e o último em uma linhagem de governantes cuja origem remontava a 632 d.C. – ano da morte do profeta Maomé e da indicação de um sucessor para ocupar seu lugar, não como chefe espiritual, mas sim como chefe religioso e político do Estado muçulmano e de sua comunidade. Após uma breve experiência com um califa distinto, os turcos aboliram também o califado, em março de 1924.

Durante seus quase 13 séculos, o califado, embora passando por muitas vicissitudes, permaneceu como poderoso símbolo da unidade muçulmana, até mesmo de sua identidade; seu desaparecimento, sob o duplo assalto de imperialistas estrangeiros e modernistas domésticos, foi sentido em todo o mundo muçulmano. Vários monarcas e líderes muçulmanos ensaiaram algumas débeis tentativas de reclamar o título vago, mas nenhum deles encontrou grande apoio. Muitos muçulmanos ainda percebem de forma dolorosa esse vazio, e comenta-se que o próprio Osama bin Laden tinha – ou tem – aspirações ao califado.

A palavra califa vem do árabe *khalifa*, que, com uma ambigüidade oportuna, combina os sentidos de "sucessor" e "substituto". Originalmente, o chefe da comunidade islâmica era "o *Khalifa* do Profeta de Deus". Alguns, mais ambiciosos, encurtaram o título para "o *Khalifa* de Deus". Esta pretensão à autoridade espiritual foi calorosamente contestada e, por fim, abandonada, embora um título expressando algo similar, de forma mais branda, "a Sombra de Deus na terra," tenha sido amplamente usado por governantes muçulmanos. Durante a maior parte da história dessa instituição, os detentores do califado contentavam-se com o título mais modesto de Amir al-Mu'minin, em geral traduzido como "Comandante dos Fiéis".

Alusões históricas como as de Bin Laden, que talvez pareçam obscuras para muitos ocidentais, são comuns entre os muçulmanos, e só podem ser entendidas adequadamente levando-se em conta a forma como os povos do Oriente Médio percebem a questão da identidade, e contra o pano de fundo da história daquela região. Mesmo os conceitos de história e identidade requerem novas definições para o ocidental que busca entender o Oriente Médio contemporâneo. No uso corrente norte-americano, a expressão "isto é história" é usada, em geral, para desconsiderar algo como sendo sem importância ou sem nenhuma relevância para as preocupações atuais; apesar de um

munidade ter sido dividida em muitos Estados, persistiu o ideal de uma única unidade política islâmica. Os Estados eram quase todos dinásticos, com fronteiras cambiantes, e é certamente significativo que, na riquíssima historiografia do mundo islâmico em árabe, persa e turco, encontrem-se histórias de dinastias, cidades e, principalmente, do Estado e da comunidade islâmica, mas nenhuma da Pérsia ou da Turquia. Esses nomes, diferentemente do que ocorre com Síria, Palestina ou Iraque, designam não novas entidades políticas, mas antigas, com séculos de independência e soberania. Ainda assim, até os tempos modernos, mesmo esses nomes não existiam em árabe, persa ou turco. O nome Turquia, designando um país habitado por pessoas chamadas turcos e que falam um idioma chamado turco, parece conformar-se ao padrão europeu normal de identificar países por nomes étnicos. Mas esse nome, corrente na Europa desde a Idade Média, somente foi adotado na Turquia após a proclamação da república, em 1923. Pérsia é uma adaptação européia, originalmente grega, de *Pars*, posteriormente Fars, o nome de uma província do Irã ocidental. Após a conquista árabe, como o alfabeto árabe não tem a letra *p*, passou a ser conhecida como Fars. Assim como o dialeto castelhano tornou-se espanhol e o toscano virou italiano, assim também farsi, o dialeto regional de Fars, acabou sendo língua padrão do país, mas, no uso persa, o nome da província nunca foi aplicado ao país como um todo.

Tanto árabes quanto turcos produziram vasta literatura descrevendo suas lutas contra a Europa cristã, desde as primeiras incursões árabes no século VIII até a última retirada turca, no século XX. Mas, até o período moderno, quando conceitos e categorias europeus tornaram-se dominantes, os soldados, oficiais e historiadores islâmicos quase sempre se referiam aos seus oponentes não em termos territoriais ou nacionais, mas simplesmente como infiéis (*kafir*) ou, algumas vezes, por vagos termos gerais como francos ou romanos. Do mesmo modo, nunca se referiam ao seu próprio lado como árabes, persas ou turcos; identificavam todos como muçulmanos. Essa perspectiva ajuda a explicar, entre outras coisas, a preocupação do Paquistão com o Talibã e seus sucessores no Afeganistão. O nome Paquistão, uma invenção do século XX, designa um país inteiramente definido por sua religião e lealdade islâmicas. Em todos os outros aspectos, o país e o povo do Paquistão são – como haviam sido por milênios – parte da Índia. O Afeganistão definido por sua identidade islâmica seria um aliado natural do Paquistão, ou mesmo um satélite seu. O Afeganistão definido pela nacionalidade étnica, ao contrário, poderia ser um vizinho perigoso, lançando demandas irredentistas sobre as áreas do noroeste paquistanês que fala o *pashtu* e, talvez, até mesmo aliando-se à Índia.

Referências à história, e até à história antiga, são lugar-comum nos discursos públicos. Na década de 1980, durante a Guerra Irã-Iraque, por exemplo, os dois lados empenharam-se em campanhas de propaganda massiva que freqüentemente evocavam eventos e personalidades de épocas tão remotas quanto o século VII, as batalhas de Qadisiyya (637 d.C.) e Karbala (680 d.C.). A batalha de Qadisiyya foi vencida pelos árabes muçulmanos que invadiram o Irã e lutaram contra o exército defensor do xá da Pérsia, ainda não convertido ao islã e, portanto, aos olhos muçulmanos, ainda composto de pagãos e infiéis. Assim, os dois lados podiam proclamar como sua a vitória – para Saddam Hussein, dos árabes sobre os persas, e, para o aiatolá Khomeini, dos muçulmanos sobre os infiéis.

As referências a essas batalhas não eram descrições nem narrativas, mas rápidas, incompletas alusões. Ainda assim, os dois lados usaram-nas com plena certeza de que seriam percebidas e identificadas por seus respectivos públicos, e até mesmo pela maior parte deles que era composta de analfabetos. É difícil imaginar agentes de propaganda de massa no Ocidente defendendo seus pontos de vista através de alusões a eras tão antigas, à heptarquia anglo-saxônica na Inglaterra os aos monarcas carolíngios na França. Inflamado pelo mesmo espírito, Osama bin Laden insulta o presidente Bush ao igualá-lo ao Faraó, e acusa o vice-presidente Dick Cheney e o secretário de Estado Colin Powell (citados no mesmo contexto) de terem produzido maior devastação no Iraque durante e após a Guerra do Golfo de 1991 do que os cãs mongóis que, em meados do século XIII, conquistaram Bagdá e destruíram o califado abássida. Os povos do Oriente Médio têm uma percepção da história que é fomentada nos púlpitos, nas escolas e pela mídia, e embora possa ser – e, muitas vezes, é – distorcida e pouco acurada, é, ainda assim, vívida, e tem profunda repercussão.

Em 23 de fevereiro de 1998, o *Al-Quds al-'Arabi*, um jornal árabe publicado em Londres, trouxe a íntegra de uma "Declaração da Frente Islâmica Mundial para a *Jihad* contra os Judeus e os Cruzados". De acordo com o jornal, o texto lhes foi enviado por fax, com as assinaturas de Osama bin Laden e dos líderes dos grupos da *jihad* no Egito, Paquistão e em Bangladesh. A declaração – uma magnífica peça de eloqüente, e por vezes poética, prosa árabe – revela uma versão da história que, para a maior parte dos ocidentais, soará nada familiar. As queixas feitas por Bin Laden naquele documento não são exatamente as que muitos poderiam esperar. A declaração começa com a citação das passagens mais militantes do Alcorão e dos ditos do profeta Maomé, e depois continua: "Desde que Deus moldou a Península Arábica, criou seus desertos e a cercou com seus mares, jamais uma calamidade a assolou como essas hostes de cruzados que se espalharam sobre ela como gafanhotos, infestando seu solo, comendo seus frutos e destruindo sua vegetação; e isso num tempo em que as nações se lançam contra os muçulmanos como convivas de um jantar acotovelando-se em volta de uma travessa de comida."

A partir desse ponto, a declaração segue falando sobre a necessidade de compreender a situação e agir para corrigi-la. Os fatos, diz o texto, são conhecidos por todos, e são apresentados em três tópicos principais.

> Primeiro – Há mais de sete anos os Estados Unidos estão ocupando as terras do islã no mais sagrado de seus territórios, a Arábia, pilhando suas riquezas, esmagando seus governantes, humilhando seu povo, ameaçando seus vizinhos e usando suas bases na península como ponta de lança para lutar contra os povos islâmicos da vizinhança.
> Embora tenha havido controvérsias no passado sobre a verdadeira natureza dessa ocupação, o povo da Arábia, em sua totalidade, agora a reconhece.
>
> Não há melhor prova disso que a contínua agressão norte-americana contra o povo do Iraque, desencadeada da Arábia a despeito de seus governantes, que, mesmo sendo todos eles contrários ao uso de seus territórios para tal propósito, estão subjugados.
>
> Segundo – Apesar da imensa destruição infligida ao povo iraquiano pelas mãos dos cruzados e judeus em aliança, e apesar do número chocante de mortes, que ultrapassaram um milhão, os norte-americanos, ainda assim, a despeito de tudo isso, estão tentando, mais uma vez, repetir essa pavorosa carnificina. Parece que o longo bloqueio que se seguiu a uma guerra selvagem, o desmembramento e a destruição não são suficientes para eles. Assim, voltam hoje para destruir o que resta desse povo e humilhar seus vizinhos muçulmanos.
>
> Terceiro – Embora os propósitos dos norte-americanos nessas guerras sejam religiosos e econômicos, eles também servem ao insignificante Estado dos judeus, desviando a atenção de sua ocupação de Jerusalém e da morte de muçulmanos na cidade.
>
> Não há melhor prova de tudo isso que a sanha norte-americana de destruir o Iraque, o mais forte dos Estados árabes vizinhos, e sua tentativa de desmembrar todos os Estados da região, como o Iraque, a Arábia Saudita, o Egito e o Sudão, transformando-os em Estados menores cuja divisão e fraqueza garantiriam a sobrevivência de Israel e a continuação da calamitosa ocupação das terras da Arábia pelos cruzados.

Esses crimes, continua a declaração, equivalem a uma "declaração explícita de guerra pelos norte-americanos contra Deus, Seu

A atribuição daquela fala ao Profeta foi impugnada por algumas autoridades islâmicas mais antigas. Mas, de modo geral, foi aceita e cumprida. A expulsão de minorias religiosas é extremamente rara na história islâmica – ao contrário da cristandade medieval, na qual expulsões de judeus e, após a Reconquista, de muçulmanos eram normais e freqüentes. Comparado com as expulsões européias, o decreto de 'Umar era tanto limitado quanto compassivo. Não incluía o sul e o sudeste da Arábia, que não eram vistos como parte da Terra Santa islâmica. E, diferentemente dos judeus e muçulmanos expulsos da Espanha e de outros países europeus, obrigados a encontrar o refúgio que pudessem em outro lugar, os judeus e cristãos da Arábia foram reassentados em terras destinadas a eles – os judeus, na Síria e na Palestina e os cristãos, no Iraque. O processo foi gradual, em vez de súbito, e há registros de judeus e cristãos em Khaybar e Najran por algum tempo ainda após o decreto.

A expulsão foi concluída a seu tempo e, desde então, a Terra Santa do Hijaz tem sido território proibido para não-muçulmanos. De acordo com a escola de jurisprudência islâmica reconhecida pelo Estado saudita e por Osama bin Laden e seus seguidores, até mesmo o fato de um não-muçulmano pisar o solo sagrado já é uma grande ofensa. No resto do reino, os não-muçulmanos, embora admitidos como visitantes temporários, não tinham permissão para fixar residência ou praticar suas religiões. O porto de Djedda, no Mar Vermelho, funcionou, durante muito tempo, como um tipo de área de quarentena religiosa, na qual representantes diplomáticos, consulares e comerciais recebiam permissão de viver estritamente num caráter temporário.

A partir da década de 1930, a descoberta e exploração do petróleo e o conseqüente crescimento de Riad – a capital saudita que, de uma pequena cidade de oásis, transformou-se numa grande metrópole – trouxeram muitas mudanças e considerável influxo de estrangeiros, predominantemente norte-americanos, o que afetou todos os aspectos da vida árabe. A presença desses estrangeiros, ainda vista por muitos como uma profanação, pode ajudar a explicar o clima de crescente ressentimento.

A Arábia foi ameaçada pelos cruzados durante algum tempo, no século XII da era cristã. Depois de derrotados e expulsos, a outra ameaça infiel à Arábia começou no século XVIII, com a consolidação do poder europeu no sul da Ásia e o aparecimento de navios europeus – ou seja, cristãos – no litoral da Arábia. O ressentimento daí resultante constituiu pelo menos um dos elementos do revivalismo religioso inspirado na Arábia pelo movimento *wahhabi*, comandado pela Casa de Saud (*Su'ud* em árabe), fundadora do Estado saudita. Durante o período de influência anglo-francesa e de seu domínio do Oriente Médio nos séculos XIX e XX, os poderes imperiais governaram o Egito, o Sudão, o Iraque, a Síria e a Palestina. Tiraram certo proveito das margens da Arábia, de Áden e do golfo Pérsico, mas foram suficientemente sábios para não ter nenhum envolvimento militar, e apenas um mínimo político, nos negócios da Península.

Enquanto esse envolvimento estrangeiro era exclusivamente econômico, e enquanto o retorno era mais que adequado para aplacar todas as queixas, a presença estrangeira pôde ser tolerada. Mas, nos anos recentes, os termos de compromisso mudaram. Com a queda dos preços do petróleo e o aumento de população e gastos, o retorno deixou de ser adequado e as queixas tornaram-se mais numerosas e mais audíveis. Tampouco está a participação limitada às atividades econômicas. A revolução no Irã, as ambições de Saddam Hussein e o conseqüente agravamento de todos os problemas da região, especialmente o conflito Israel-Palestina, agregaram dimensões políticas e militares à presença estrangeira, dando alguma plausibilidade aos cada vez mais freqüentes brados de "imperialismo". Quando se tratar de sua Terra Santa, muitos muçulmanos tenderão a caracterizar a luta e, algumas vezes, também o inimigo, em termos religiosos e a ver as tropas norte-americanas enviadas para liberar o Kuwait e salvar a Arábia Saudita de Saddam Hussein como invasores e ocupantes infiéis. Essa percepção é aguçada pela inquestionável supremacia norte-americana entre as autoridades do mundo infiel.

Para a maior parte dos norte-americanos, a declaração de Bin Laden é uma caricatura, uma distorção flagrante da natureza e do propósito da presença norte-americana na Arábia. Também deveriam estar conscientes de que, para muitos muçulmanos, talvez a maioria deles, a declaração é uma caricatura igualmente grotesca da natureza do islã, e mesmo de sua doutrina de *jihad*. O Alcorão fala de paz, bem como de guera. As centenas de milhares de tradições e ditos atribuídos, com variados graus de confiabilidade, ao Profeta, e algumas vezes interpretados de maneiras muito diversas, oferecem ampla gama de orientações, das quais a interpretação militante e violenta da religião é apenas uma dentre muitas.

Enquanto isso, números significativos de muçulmanos estão prontos para aprovar, e uns poucos deles para aplicar, essa interpretação de sua religião. O terrorismo requer apenas uns poucos. Obviamente, o Ocidente tem que se defender por quaisquer meios efetivos. Mas, ao conceber meios de combater os terroristas, certamente seria útil entender as forças que os impelem.

1 Definindo o Islã

É difícil generalizar a respeito do islã. Para começar, a própria palavra é usualmente empregada com dois significados relacionados, mas distintos, equivalendo tanto a cristianismo quanto a cristandade. No primeiro sentido, indica uma religião, um sistema de crença e culto; no outro, a civilização que cresceu e floresceu sob a égide daquela religião. Assim, a palavra "islã" denota mais de 14 séculos de história, 1,3 bilhão de pessoas e uma tradição religiosa e cultural de enorme diversidade. Cristianismo e cristandade representam um período mais longo e um número maior – mais de 20 séculos, mais de dois bilhões de pessoas e uma diversidade ainda maior. Mesmo assim, são possíveis certas generalizações a respeito do que é indiferentemente chamado cristão, judaico-cristão, pós-cristão e, mais simplesmente, civilização ocidental. Embora possa ser difícil – e, às vezes, em certo sentido, perigoso – generalizar sobre a civilização islâmica, isso não é impossível, e pode ter algumas utilidades.

Em termos espaciais, o domínio do islã estende-se do Marrocos à Indonésia, do Cazaquistão ao Senegal. Temporalmente, retrocede a mais de 14 séculos, ao advento e à missão do profeta Maomé na Arábia, no século VII d.C., quando criou a comunidade e o Estado islâmicos. No período que historiadores europeus vêem como um negro interlúdio entre o declínio da civilização antiga – Grécia e Roma – e o surgimento da moderna, ou seja, da Europa, o islã era a civilização que liderava o mundo, marcada por seus grandes e poderosos reinos, pela riqueza e variedade da indústria e do comércio, por suas ciências e artes engenhosas e criativas. Muito mais que a cristandade, o islã foi o estágio intermediário entre o antigo Oriente e o moderno Ocidente, para o qual contribuiu de modo significativo. Durante os últimos três séculos, contudo, o mundo islâmico perdeu sua dominância e liderança e ficou para trás do moderno Ocidente e também do Oriente rapidamente modernizado. Esse crescente hiato apresenta problemas cada vez mais agudos, tanto de ordem prática quanto emocional, para os quais os governantes, pensadores e rebeldes do islã ainda não encontraram respostas convincentes.

Como religião, o islã é, sob todos os aspectos, muito mais próximo da tradição judaico-cristã que de qualquer uma das grandes religiões da Ásia, como o hinduísmo, o budismo ou o confucionismo. O judaísmo e o islã têm em comum a crença em uma lei divina que regula todos os aspectos da atividade humana, incluindo até mesmo a comida e a bebida. Cristãos e muçulmanos partilham um mesmo triunfalismo. Em contraste com as outras religiões, incluindo o judaísmo, acreditam que são os únicos afortunados a receber e guardar a mensagem final de Deus para a humanidade, sendo sua obrigação levá-la ao resto do mundo. Comparadas com as mais antigas religiões orientais, todas as três religiões do Oriente Médio – judaísmo, cristianismo e islamismo – estão intimamente relacionadas e aparecem, de fato, como variantes da mesma tradição religiosa.

A cristandade e o islã são, de muitas maneiras, civilizações irmãs, ambas derivadas de uma mesma herança – a revelação e profecia judaicas e a filosofia e ciência gregas – e nutridas pelas imemoriais tradições do Oriente Médio antigo. Durante a maior parte de sua história conjunta, têm sido impelidas a se combaterem, mas, mesmo no conflito e na polêmica, revelam seu parentesco essencial e os traços comuns que as unem e as distinguem das civilizações asiáticas mais distantes.

Mas, assim como há semelhanças, há também profundas disparidades entre as duas, que vão além das óbvias diferenças de dogma e culto. Em nenhum outro aspecto essas diferenças são mais profundas – e mais óbvias – que na atitude dessas religiões e de seus expoentes legitimados a respeito das relações entre governo, religião e sociedade. O fundador do cristianismo ordenou a seus seguidores dar "a César o que é de César, e a Deus o que é de Deus" (Mat. 22:21) – e, durante séculos, o cristianismo cresceu e se desenvolveu como uma religião dos oprimidos, até que, com a conversão do imperador Constantino, o próprio César tornou-se cristão e inaugurou uma série de mudanças através das quais a nova fé ganhou o Império Romano e transformou sua civilização.

O fundador do islã foi seu próprio Constantino, e fundou seu próprio Estado e império. Assim, ele não criou – nem necessitou criar – uma igreja. A dicotomia entre *regnum* e *sacerdotium*, tão crucial na história da cristandade ocidental, não tinha nenhum equivalente no islã. Durante a vida de Maomé, os muçulmanos tornaram-se, ao mesmo tempo, uma comunidade política e religiosa, tendo o Profeta como chefe de Estado. Como tal, ele governava um lugar e um povo, propiciava justiça, recolhia impostos, comandava exércitos, declarava guerra e fazia a paz. A primeira geração muçulmana do período de formação do islã, cujas aventuras constituem sua história sagrada, não foi posta à prova continuamente por perseguições e nem tinha uma tradição de resistência a um poder estatal hostil. Ao contrário, o Estado que os regia era o do islã, e a aprovação de Deus à sua causa manifestava-se para eles sob a forma de vitória e império neste mundo.

Na Roma pagã, César era Deus. Para os cristãos, há uma escolha entre Deus e César, e inumeráveis gerações de cristãos têm-se enredado nas teias dessa escolha. No islã, não havia nenhuma escolha árdua como essa a fazer. Na organização política universal islâmica, tal como concebida pelos muçulmanos, não há César, apenas Deus, que é o único soberano e a única fonte da lei. Maomé foi Seu profeta, que durante a vida ensinou e governou em nome de Deus. Quando morreu, em 632 d.C., sua missão espiritual e profética de trazer a palavra de Deus para a humanidade havia sido completada. O que permaneceu foi a tarefa religiosa de espalhar a revelação de Deus até que, finalmente, o mundo todo a aceitasse. Isso deveria ser alcançado ampliando a autoridade e, portanto, também a participação da comunidade que abraçava a verdadeira fé e sustentava a lei de Deus. A fim de prover a adesão e a liderança necessárias para essa tarefa, requeria-se um substituto ou sucessor do Profeta. A palavra árabe *khalifa* foi o título adotado por Abu Bakr, sogro do Profeta e seu sucessor, cuja ascensão à chefia da comunidade islâmica marcou a fundação da grande instituição histórica do califado.

Durante o governo dos califas, a comunidade de Medina, onde havia governado o Profeta, transformou-se num vasto império em pouco menos de um século, e o islamismo tornou-se uma religião universal. Na experiência dos primeiros muçulmanos, tal como preservada e registrada para as gerações vindouras, a verdade religiosa e o poder político eram indissoluvelmente associados: a primeira santificava o segundo, e este sustentava aquela. O aiatolá Khomeini uma vez observou que "o islã é política ou não é nada". Nem todos os muçulmanos chegariam a tanto, mas a maior parte deles concordaria que Deus preocupa-se com a política, e essa crença é confirmada e sustentada pela *sharia*, a Lei Sagrada, que lida extensivamente com a aquisição e o exercício do poder, a natureza da legitimidade e da autoridade, as obrigações dos governantes e súditos; em poucas palavras, com aquilo que, no Ocidente, chamaríamos direito constitucional e filosofia política.

A longa interação entre o islã e a cristandade, e suas muitas semelhanças e influências mútuas, algumas vezes têm levado observadores a ignorar certas diferenças significativas. O Alcorão, diz-se, é a Bíblia muçulmana; a mesquita é a igreja muçulmana; os ulemás são o clero muçulmano. As três afirmações são verdadeiras, mas, ainda assim, são perigosamente enganosas. Tanto o Velho quanto o Novo

Testamento consistem de coleções de diferentes livros, estendendo-se por longo período de tempo, e são considerados pelos crentes a materialização da revelação divina. Para os muçulmanos, o Alcorão é um único livro, revelado em um tempo determinado por um mesmo homem, o profeta Maomé. Após intensos debates nos primeiros séculos do islã, foi adotada a doutrina de que o Alcorão é, ele mesmo, incriado e eterno, divino e imutável. Isso se tornou um princípio central da fé.

A mesquita é, realmente, a igreja muçulmana, no sentido de ser um lugar de culto comunal. Mas não se pode falar "a Mesquita" como se fala "a Igreja" – ou seja, uma instituição com sua própria hierarquia e suas leis, em contraste com o Estado. Os ulemás (conhecidos como mulás no Irã e nos países muçulmanos influenciados pela cultura persa) podem ser descritos como sacerdotes no sentido sociológico, pois são homens de religião por profissão, reconhecidos como tal por treinamento e certificado. Mas não há um clero no islã – nenhuma mediação clerical entre Deus e o fiel, nem ordenação, sacramentos ou rituais que apenas um sacerdote ordenado possa realizar. No passado, ter-se-ia acrescentado que não há concílios ou sínodos, nem bispos para definir a ortodoxia e inquisidores para fazê-la cumprir. Pelo menos no Irã, isso já não é inteiramente verdadeiro.

A principal função do ulemá – de uma palavra árabe significando "conhecimento" – é preservar e interpretar a Lei Sagrada. No final dos tempos medievais, surgiu algo como um clero local que atendia às necessidades das pessoas comuns em cidades e vilas, mas era usualmente separado do ulemá e não contava com sua confiança, devendo mais ao islã místico do que ao dogmático. Nas últimas monarquias islâmicas, na Turquia e no Irã, apareceu um tipo de hierarquia eclesiástica, mas sem raízes na tradição muçulmana clássica, e mesmo essas hierarquias nunca demandaram – e, menos ainda, exerceram – os poderes dos prelados cristãos. Nos tempos modernos, tem havido muitas mudanças, devidas, principalmente, a influências oci-

em 1979, um flagrante ato de agressão contra uma nação muçulmana soberana, não evocou protestos sérios e foi até defendida por alguns membros. Mais recentemente, a Organização tem deixado de se manifestar a respeito de guerras civis em Estados membros como Sudão e Somália. Seu desempenho em questões regionais também não foi significativo. Entre 1980 e 1988, dois países islâmicos, Iraque e Irã, envolveram-se numa guerra devastadora, infligindo imensos danos um ao outro. A OCI nada fez, nem para impedir a guerra nem para dar fim a ela. Em geral, a OCI, diferentemente da Organização dos Estados Americanos e da Organização da Unidade Africana, não se ocupa de abusos de direitos humanos e outros problemas internos dos Estados membros; suas preocupações com a questão têm-se limitado à situação de muçulmanos vivendo em países não-muçulmanos, principalmente na Palestina. No entanto, a OCI não deve ser desconsiderada. Suas atividades culturais e sociais são importantes e crescentes, e o aparato que propicia para consultas regulares entre Estados membros pode ganhar importância à medida que a Guerra Fria e seus efeitos perturbadores vão ficando para trás.

Passando da política internacional para a regional e nacional, as diferenças entre o islã e o resto do mundo, embora menos marcantes, são ainda substanciais. Em alguns dos países com regimes democráticos multipartidários existem partidos políticos com designações religiosas – Cristão no Ocidente, Hindu na Índia, Budista no Oriente. Mas esses partidos são relativamente poucos, e os que desempenham papel importante são ainda em menor número. Mesmo no caso desses últimos, os temas religiosos são, em geral, de menor importância em seus programas e apelos ao eleitorado. Entretanto, na maioria dos países islâmicos, a religião continua a ser um fator político relevante – muito mais no campo doméstico, de fato, que nas questões internacionais ou mesmo regionais. Qual a razão dessa diferença?

Uma resposta é óbvia: a maior parte dos países muçulmanos ainda é profundamente muçulmana, de uma forma e num sentido que a maioria dos países cristãos já não é. É certo que, em muitos desses últimos, as crenças cristãs e o clero que as sustentam ainda são uma força poderosa. Embora seu papel não seja o mesmo que o de séculos passados, não é, de maneira alguma, insignificante. Mas em nenhum país cristão da atualidade os líderes religiosos podem contar com um grau de crença e participação como o que continua a ser normalmente encontrado em terras muçulmanas. Em poucos países cristãos, se é que em algum, os princípios e práticas cristãos estão imunes a comentários críticos ou discussões no nível em que é aceito como normal mesmo em sociedades muçulmanas ostensivamente seculares e democráticas. Na realidade, essa imunidade privilegiada tem sido estendida, *de facto*, a países ocidentais onde comunidades muçulmanas estão já estabelecidas e onde crenças e práticas muçulmanas têm garantia de imunidade a críticas num nível que as maiorias cristãs perderam e as minorias judias nunca tiveram. Mais importante ainda: com muito poucas exceções, o clero cristão não exerce ou nem ao menos demanda o tipo de autoridade pública que ainda é normal e aceita na maior parte dos países muçulmanos.

O nível mais elevado de fé e práticas religiosas entre os muçulmanos, em comparação com seguidores de outras religiões, explica, em parte, a atitude única dos muçulmanos frente à política; não é a explicação total, já que atitude semelhante pode ser encontrada em indivíduos e mesmo em grupos inteiros cujo compromisso com a fé e a prática religiosas é, no máximo, superficial. O islã é não apenas uma questão de fé e prática; é também uma identidade e uma lealdade que, para muitos, transcendem todas as demais.

Aparentemente, a importação de noções ocidentais de patriotismo e nacionalismo mudou tudo isso e levou à criação de uma série de Estados-nações modernos que se estendem por todo o mundo islâmico, do Marrocos à Indonésia.

Mas nem tudo é como parece ser. Dois exemplos podem ser suficientes. Em 1923, após a última guerra greco-turca, os dois governos concordaram em resolver os problemas de suas minorias através de uma troca de populações – gregos foram mandados da Turquia para a Grécia, turcos foram enviados da Grécia para a Turquia. Pelo menos, é isso, em geral, o que contam os livros de história. Os fatos são um tanto diferentes. O protocolo assinado pelos dois governos em Lausanne em 1923, contendo o acordo de trocas, não fala de "gregos" e "turcos". Ele define as pessoas a serem trocadas como "seguidores turcos da religião ortodoxa grega residindo na Turquia" e "seguidores gregos da religião muçulmana residindo na Grécia". Assim, o protocolo reconhece apenas dois tipos de identidade – uma definida por ser súdito de um Estado, e outra por ser seguidor de uma religião. Não é feita qualquer referência a nacionalidades étnicas ou lingüísticas. A precisão desse documento em expressar as intenções dos signatários foi confirmada pela troca verdadeiramente realizada. Muitos dos assim chamados gregos da província de Karaman, na Anatólia turca, tinham o turco como língua materna, mas usavam o alfabeto grego para escrever e freqüentavam os cultos das igrejas ortodoxas. Muitos dos assim chamados turcos da Grécia não sabiam turco, ou sabiam muito pouco, e usualmente falavam grego – mas escreviam com o alfabeto turco-árabe.

Um observador ocidental, acostumado a um sistema ocidental de classificação, poderia muito bem ter concluído que o que os governos da Grécia e da Turquia concordaram em fazer, e fizeram, não foi a troca e a repatriação de minorias nacionais gregas e turcas, mas sim uma dupla deportação para o exílio – de muçulmanos gregos para a Turquia, de turcos cristãos para a Grécia. Até muito recentemente, a Grécia e a Turquia, ambas democracias ocidentalizadas, a primeira, membro efetivo da União Européia, a segunda, candidata, reservavam um campo específico para religião nos documentos de identidade oficiais.

Um segundo exemplo é o Egito. Poucos países, talvez nenhum outro, têm melhores elementos para reclamar seu caráter de nação – um país claramente caracterizado tanto pela história quanto pela geografia, com uma história ininterrupta de civilização que se estende por mais de cinco mil anos. Mas os egípcios têm diversas identidades, e, na maior parte dos últimos 14 séculos – isto é, desde a conquista árabe-islâmica do Egito no século VII e a subseqüente islamização e arabização do país – raramente a egípcia tem sido a predominante: têm precedência a identidade cultural e lingüística do arabismo ou, durante a maior parte de sua história, a identidade religiosa do islã. Como nação, o Egito é uma das mais antigas do mundo. Como Estado-nação, é uma criação moderna e ainda enfrenta muitos desafios internos. Atualmente, o mais forte desses desafios, também encontrado em alguns outros países muçulmanos, vem de grupos islâmicos radicais, do tipo comumente descrito hoje, embora de forma equivocada, como "fundamentalista".

Desde quando seu Fundador era vivo e, portanto, conforme suas sagradas escrituras, o islã está associado, no espírito e na memória dos muçulmanos, com o exercício do poder político e militar. O islã clássico reconhecia a distinção entre coisas desse mundo e coisas do próximo, entre reflexões pias e mundanas. O que não reconhecia era uma instituição separada, com hierarquia e leis próprias, para regular questões religiosas.

Isso significa então que o islã é uma teocracia? No sentido de que Deus é visto como o supremo soberano, a resposta teria que ser um decisivo sim. No sentido de governo por um sacerdócio, definitivamente não. O surgimento de uma hierarquia sacerdotal que veio a assumir a autoridade mais elevada no Estado é uma inovação moderna e uma contribuição exclusiva do aiatolá Khomeini do Irã ao pensamento e à experiência do islã.

A Revolução Islâmica no Irã, como as revoluções Francesa e Russa às quais se assemelha em muitos aspectos, teve um tremendo impacto não apenas naquele país e entre seu próprio povo, mas também em todos os países e povos com os quais tinha um universo discursivo em comum. Como as revoluções Francesa e Russa em suas respectivas épocas, despertou tremenda esperança e enorme entusiasmo. Como aquelas revoluções, sofreu seu Terror e sua guerra de intervenção; como elas, tem seus jacobinos e seus bolcheviques, determinados a esmagar qualquer sinal de pragmatismo ou moderação. E, tal como aquelas revoluções, mais particularmente a Russa, tem também sua própria rede de agentes e emissários lutando, de várias formas, para promover a causa revolucionária ou, pelo menos, o regime visto como sua materialização.

A palavra *revolução* tem sido muito mal usada no moderno Oriente Médio, sendo aplicada a muitos eventos – ou demandada por eles – que seriam mais adequadamente designados pela expressão francesa *coup d'état*, pela palavra alemã *Putsch* ou pela espanhola *pronunciamiento*. É interessante que a experiência política dos povos de língua inglesa não ofereça um termo equivalente. O que aconteceu no Irã não foi nada disso, mas tratava-se, em suas origens, de um autêntico movimento revolucionário pró-mudança. Como seus antecessores, deu demasiadamente errado em muitos aspectos, levando à tirania no país e ao terror e à subversão fora. Diferentemente da França e da Rússia revolucionárias, o Irã revolucionário carece dos meios, dos recursos e das competências para se tornar uma autoridade e uma ameaça expressivas em esfera mundial. A ameaça que oferece é, principal e totalmente, para os muçulmanos e para o próprio islã.

A onda revolucionária no islã tem diversos componentes. Um deles é um senso de humilhação: o sentimento de uma comunidade de pessoas acostumadas a se verem como as únicas guardiãs da verdade de Deus, que receberam Dele o comando de levá-la aos infiéis e que, de repente, vêem-se dominadas e exploradas por aqueles mesmos infiéis. Mesmo quando já não mais dominadas, suas vidas são mudadas e profundamente afetadas, pois se sentem tiradas do verdadeiro caminho islâmico e levadas para outros. À humilhação juntou-se frustração, à medida que foram experimentados vários remédios, a maior parte importada do Ocidente, e, um após outro, todos falharam.

Em seguida à humilhação e à frustração veio um terceiro componente, necessário para o ressurgimento – uma nova confiança e um senso de poder renovado. Isso se manifestou a partir da crise do petróleo de 1973, quando, em apoio à guerra do Egito contra Israel, os países árabes produtores de petróleo usaram tanto o fornecimento quanto o preço como armas que se provaram muito eficazes. A riqueza, o orgulho e a autoconfiança que resultaram do episódio foram reforçados por outro elemento também novo: o desprezo. Em contato com a Europa e a América, os visitantes muçulmanos começaram a observar e descrever o que viram como a degradação moral e a conseqüente fragilidade da civilização ocidental.

Em um tempo de tensões crescentes, ideologias vacilantes, lealdades exauridas e instituições decadentes, uma ideologia expressada em termos islâmicos oferecia diversas vantagens: uma base emocionalmente familiar para a identidade grupal, a solidariedade e a exclusão; uma base aceitável de legitimidade e autoridade; uma formulação imediatamente inteligível de princípios a serem usados tanto numa crítica do presente quanto num programa para o futuro. Através de tudo isso, o islã pôde prover os símbolos e slogans mais efetivos para a mobilização, seja a favor de uma causa ou um regime, seja contra eles.

Os movimentos islâmicos também têm outra imensa vantagem quando comparados com todos os seus competidores. Nas mesquitas, eles dispõem de uma rede de associação e comunicação que mesmo o mais ditatorial dos governos não pode controlar inteiramente. De fato, ditaduras brutais os ajudam, mesmo não tendo tal intenção, ao eliminar oposições competidoras.

O islamismo radical, ao qual se tornou usual dar o nome de fundamentalismo islâmico, não é um único movimento homogêneo. Há muitos tipos de fundamentalismo islâmico em diferentes países e, às vezes, dentro de um mesmo país. Alguns são patrocinados pelo Estado – promulgados, usados e promovidos por um ou outro governo muçulmano para seus próprios propósitos; outros são genuínos movimentos populares de base. Entre os movimentos islâmicos patrocinados pelo Estado há também vários tipos, tanto radicais quanto conservadores, tanto subversivos quanto preventivos. Movimentos conservadores e preventivos têm sido iniciados por governos no poder buscando proteger-se de uma onda revolucionária. São desse tipo os movimentos encorajados, em diferentes épocas, pelos egípcios, paquistaneses e, principalmente, sauditas. O outro tipo, muito mais importante, vem de baixo, com uma autêntica base popular. O primeiro desses a tomar o poder e exercê-lo com maior sucesso foi o movimento conhecido como a Revolução Islâmica no Irã. Regimes islâmicos radicais agora dominam no Sudão e, por algum tempo, dominaram no Afeganistão, enquanto movimentos islâmicos constituem grandes ameaças à já ameaçada ordem existente em outros países, especialmente Argélia e Egito.

Os fundamentalistas muçulmanos, diferentemente dos grupos protestantes cujo nome foi transferido para eles, não diferem da corrente dominante em questões de teologia e interpretação dos textos sagrados. Sua crítica, em sentido mais amplo, é relativa a toda a sociedade. O mundo islâmico, na opinião desses fundamentalistas, tomou um caminho errado. Seus governantes chamam a si mesmos muçulmanos e fingem ser o islã, mas são, de fato, apóstatas que aboliram a Lei Sagrada e adotaram leis e costumes estrangeiros, infiéis. A única solução, segundo eles, é um retorno ao autêntico modo de vida muçulmano, e, para isso, a remoção dos governos apóstatas é um primeiro passo essencial. Os fundamentalistas são antiocidentais no sentido de que vêem o Ocidente como a fonte do mal que está corroendo a sociedade muçulmana, mas seu primeiro ataque está dirigido contra seus próprios governantes e líderes. Assim foram os movimentos que resultaram na derrubada do xá do Irã em 1979 e no assassinato do presidente Sadat, do Egito, dois anos depois. Ambos eram vistos como sintomas de um mal mais profundo a ser remediado com uma limpeza interna. No Egito, eles mataram o dirigente, mas não conseguiram se apropriar do Estado; no Irã, destruíram o regime e criaram o seu próprio.

* * *

O islã é uma das grandes religiões do mundo. Deu dignidade e sentido a vidas toscas e empobrecidas. Ensinou homens de diferentes raças a viver em irmandade e povos de diferentes credos a viver lado a lado em sensata tolerância. Inspirou uma grande civilização na qual outros, além dos muçulmanos, tiveram vidas criativas e proveitosas e que, por suas realizações, enriqueceram o mundo inteiro. Mas o islã, como outras religiões, também conheceu períodos nos quais inspirou em alguns de seus seguidores um espírito de ódio e violência. É um infortúnio nosso que tenhamos que confrontar parte do mundo muçulmano no momento em que atravessa um desses períodos, e quando a maior parte daquele ódio – mas não todo ele, de forma alguma – está dirigido contra nós.

Por quê? Não devemos exagerar as dimensões do problema. O mundo muçulmano está longe de ser unânime em sua rejeição do Ocidente, e nem as regiões muçulmanas do Terceiro Mundo têm estado sozinhas em sua hostilidade. Existem ainda números significativos de muçulmanos, em alguns lugares talvez a maioria deles, com os quais partilhamos algumas crenças e aspirações básicas de natureza cultural e moral, social e política; existe uma significativa presença ocidental – cultural, econômica, diplomática – em terras muçulmanas, algumas das quais são aliadas do Ocidente. Mas há uma maré de ódio que aflige, alarma e, acima de tudo, desconcerta os norte-americanos.

Freqüentemente esse ódio vai além do nível de hostilidade a interesses, ações, políticas ou mesmo países específicos, e se transforma em rejeição à civilização ocidental propriamente dita, não tanto pelo que faz, mas pelo que é e pelos princípios e valores que pratica e professa. Na verdade, esses são vistos como intrinsecamente maléficos, e os que os promovem ou aceitam são considerados "inimigos de Deus".

Essa frase, que reaparece tão freqüentemente nas declarações da liderança iraniana, tanto em seus procedimentos jurídicos quanto nos pronunciamentos políticos, pode parecer muito estranha ao moderno observador externo, seja religioso ou secular. A idéia de que Deus tem inimigos e necessita de ajuda humana para identificá-los e eliminá-los é um tanto difícil de assimilar. No entanto, não é assim tão estranha. O conceito de inimigos de Deus era familiar na Antigüidade pré-clássica e clássica, tanto no Antigo e Novo Testamentos quanto no Alcorão.

No islã, a luta entre bem e mal adquiriu, desde o começo, dimensões políticas e mesmo militares. Deve-se recordar que Maomé era não apenas um profeta e mestre, tal como os fundadores de outras religiões; era também um dirigente e um soldado. Daí que sua luta envolvesse um Estado e suas forças armadas. Se os combatentes na guerra pelo islã, a guerra santa "no caminho de Deus", estão lutando por Deus, segue-se que seus oponentes estão lutando contra Deus. E dado que Deus é, em princípio, o soberano, o supremo chefe do Estado islâmico, tendo o Profeta e, depois dele, os califas como Seus vice-regentes, então Deus, como soberano, comanda o exército. O exército é o exército de Deus e o inimigo é o inimigo de Deus. A obrigação dos Seus soldados é despachar os inimigos, tão rápido quanto possível, para o lugar onde Deus os castigará, ou seja, a outra vida.

Atualmente, a questão-chave que ocupa os formuladores de políticas no Ocidente pode ser expressada simplesmente como: será o islã, fundamentalista ou não, uma ameaça para o Ocidente? A essa questão simples têm sido dadas várias respostas também simples, e, sendo assim, a maior parte aponta na direção errada. De acordo com uma escola de pensamento, após o desmantelamento da União Soviética e do movimento comunista, o islã e o fundamentalismo islâmico passaram a ocupar seus lugares como a maior ameaça ao

Ocidente e ao modo de vida ocidental. De acordo com outra escola de pensamento, os muçulmanos, incluindo os fundamentalistas radicais, são pessoas basicamente decentes, amantes da paz e devotas, algumas das quais foram levadas além do suportável por todas as coisas terríveis que nós, do Ocidente, temos feito a elas. Escolhemos vê-los como inimigos porque temos uma necessidade psicológica de um inimigo para substituir a finada União Soviética.

Ambas as perspectivas contêm elementos de verdade; ambas estão perigosamente erradas. O islã, como tal, não é um inimigo do Ocidente, e há porções crescentes de muçulmanos, tanto lá como aqui, que desejam nada mais que uma relação mais próxima e mais amistosa com o Ocidente e o desenvolvimento de instituições democráticas em seus próprios países. Mas um número significativo de muçulmanos – especialmente aqueles que chamamos de fundamentalistas, mas não apenas eles – é hostil e perigoso, não porque necessitemos de um inimigo, mas porque eles, sim.

Nos últimos anos tem havido algumas mudanças de ponto de vista e, conseqüentemente, de táticas entre os muçulmanos. Alguns deles ainda vêem o Ocidente em geral – e seu atual líder, os Estados Unidos, em particular – como um antigo e irreconciliável inimigo do islã, o único sério obstáculo à restauração da fé e da lei de Deus em seus países e ao triunfo definitivo das mesmas em todo o mundo. Para esses muçulmanos, não há outro caminho senão a guerra até a morte, em obediência ao que vêem como os mandamentos de sua fé. Há outros que, embora permanecendo muçulmanos comprometidos e muito conscientes das falhas da moderna sociedade ocidental, ainda assim também vêem seus méritos – seu espírito indagador, que produziu a ciência e a tecnologia modernas; suas preocupações com a liberdade, que criaram modernos governos democráticos. Esses últimos, embora mantendo suas próprias crenças e sua própria cultura, buscam juntar-se a nós na caminhada em direção a um mundo mais livre e melhor. Há outros ainda que, apesar de verem o Ocidente como seu principal inimigo e como fonte de todos os males, estão, ainda assim, conscientes do poder ocidental e buscam alguma acomodação temporária a fim de melhor se prepararem para a batalha final. Seria sábio de nossa parte não confundir os segundos com os terceiros.

2 A Casa da Guerra

Ao longo da história humana, muitas civilizações floresceram e decaíram – China, Índia, Grécia, Roma e, antes delas, as antigas civilizações do Oriente Médio. Durante os séculos que a história européia chama de medievais, a mais avançada civilização do mundo era, sem dúvida, a do islã. O islã pode ter sido igualado – ou mesmo, em alguns aspectos, ultrapassado – pela Índia e pela China, mas essas duas permaneceram essencialmente circunscritas a uma região e a um grupo étnico, e seu impacto sobre o resto do mundo foi, por isso mesmo, limitado. A civilização do islã, em contraste, tinha perspectivas ecumênicas e, em suas aspirações, era explicitamente assim.

Uma das tarefas elementares legadas aos muçulmanos pelo Profeta era a *jihad*. Essa palavra vem da raiz arábica *j-h-d*, significando basicamente empenho ou esforço. Com freqüência, é usada em textos clássicos com um sentido bastante próximo de batalha e, portanto, também de luta. É usualmente citada no versículo do Alcorão "esforçando-se no caminho de Deus" (p.ex, IX, 24; LX, 1 etc.), e tem recebido várias interpretações no sentido de esforço moral e luta armada. Em geral, é bastante fácil entender, pelo contexto, qual dessas nuances de significado tem-se em mente. No Alcorão, a palavra ocorre muitas vezes nesses dois sentidos distintos, mas relacionados. Nos primeiros capítulos, datados do período em Meca, quando o Profeta ainda era o líder de um grupo minoritário lutando contra a oligarquia pagã dominante, a palavra freqüentemente tem o sentido, preferido por exegetas modernistas, de esforço moral. Nos últimos capítulos, revelados em Medina, onde o Profeta dirigia o Estado e comandava seu exército, *jihad* geralmente tem uma conotação prática mais explícita. Em muitos casos, o significado militar é inequívoco. Um bom exemplo é a passagem IV, 95: "Aqueles crentes que permanecem em casa, além dos incapacitados, não são iguais àqueles que se empenham no caminho de Deus com seus bens e suas pessoas. Deus situou os que se empenham com seus bens e suas pessoas em um nível mais elevado do que aqueles que permanecem em casa. Deus prometeu recompensa a todos que crêem, mas concede aos que lutam uma recompensa maior, distinguindo-os dos que permanecem em casa." Juízos semelhantes podem ser encontrados em VIII, 72; IX, 41, 81, 88; LXVI, 9 etc.

Alguns muçulmanos modernos, especialmente ao se dirigirem ao mundo exterior, explicam a obrigação da *jihad* num sentido espiritual e moral. A esmagadora maioria das autoridades mais antigas, citando as passagens relevantes do Alcorão, os comentários e as tradições do Profeta, discute *jihad* em termos militares. Segundo a lei islâmica, está de acordo com as escrituras fazer guerra contra quatro tipos de inimigos: infiéis, apóstatas, rebeldes e bandidos. Embora os quatro tipos de guerras sejam legítimos, apenas os dois primeiros contam como *jihad*. Portanto, a *jihad* é uma obrigação religiosa. Ao discutir a obrigação da guerra santa, os juristas muçulmanos clássicos distinguem entre guerra ofensiva e defensiva. Na ofensiva, a *jihad* é uma obrigação da comunidade muçulmana como um todo, e pode ser cumprida, portanto, por combatentes voluntários e profissionais. Em uma guerra defensiva, torna-se uma obrigação de todos os indivíduos fisicamente aptos. É esse princípio que Osama bin Laden invocou em sua declaração de guerra contra os Estados Unidos.

Durante a maior parte dos 14 séculos de história muçulmana registrada, a *jihad* foi mais comumente interpretada como luta armada para defesa ou aumento do poder muçulmano. Na tradição muçulmana, o mundo é dividido em duas casas: a Casa do Islã (*Dar al-Islam*), na qual existem governos muçulmanos e onde prevalece a lei muçulmana, e a Casa da Guerra (*Dar al-Harb*), o resto do mundo, ainda habitado por infiéis e, mais importante, sob governos infiéis. A presunção é que a obrigação da *jihad* continuará, interrompida apenas por tréguas, até que o mundo todo adote a fé muçulmana ou se submeta ao mando muçulmano. Aqueles que lutam na *jihad* qualificam-se para recompensas nos dois mundos, butim nesse, paraíso no próximo.

Nessa questão, como em tantas outras, a orientação do Alcorão é ampliada e elaborada nas *hadiths*, tradições que tratam dos atos e palavras do Profeta. Muitas dessas referem-se à guerra santa. Esses são alguns exemplos:

> A *jihad* é sua obrigação sob qualquer comandante, seja ele divino ou iníquo.
>
> É melhor um dia e uma noite de lutas na fronteira do que um mês de jejum e prece.
>
> A picada de uma formiga causa mais dor a um mártir do que a ferida de uma arma, pois essa é mais bem-vinda para ele do que água fresca e doce em um dia quente de verão.
>
> Aquele que morre sem ter participado de uma campanha morre num certo tipo de descrença.
>
> Deus se maravilha com aqueles [aos quais o islã é trazido por conquista] que são arrastados ao paraíso em cadeias.
>
> Aprenda a atirar, pois o espaço entre o alvo e o arqueiro é um dos jardins do paraíso.
>
> O paraíso está à sombra de espadas.

A tradição também estabelece algumas regras de guerra para a condução da *jihad*:

> Saiba que os prisioneiros devem ser bem tratados.
>
> A pilhagem não é mais legal do que carne podre.
>
> Deus proibiu matar mulheres e crianças.

> Os muçulmanos estão obrigados por seus acordos, desde que esses estejam em conformidade com a lei.*

Os tratados jurídicos convencionais relacionados com a *sharia* normalmente contêm um capítulo sobre a *jihad*, entendida no sentido militar como guerra regular contra infiéis e apóstatas. Mas esses tratados prescrevem comportamento correto e respeito às regras da guerra em questões como o início e o término das hostilidades e o tratamento de não-combatentes e prisioneiros, para não falar dos enviados diplomáticos.

Durante a maior parte da história registrada do islã, desde o tempo em que vivia o profeta Maomé, a palavra *jihad* foi usada em sentido principalmente militar. Maomé começou sua missão profética em Meca, sua cidade natal, mas, devido à perseguição sofrida por ele e seus seguidores nas mãos da oligarquia pagã que governava a cidade, mudou-se com eles para Medina, onde as tribos locais os acolheram e fizeram do Profeta seu árbitro e, depois, seu governante. Essa migração de Meca para Medina é conhecida em árabe como a *Hijra*, às vezes escrita de forma incorreta como *Hegira*** e traduzida equivocadamente como "fuga." A era muçulmana tem início com o começo do ano árabe no qual ocorreu a *Hijra*. A primeira *jihad* foi realizada pelo Profeta contra os governantes de sua cidade natal e terminou com a conquista de Meca no mês do Ramadã do ano 8 da *Hijra*, correspondendo a janeiro do ano 630 da era cristã. A liderança de Meca rendeu-se quase sem lutar, e os habitantes, com exceção daqueles acusados de insultos específicos contra o Profeta ou contra um muçulmano, receberam imunidade para suas vidas e proprieda-

---

* Esses e outros textos sobre a *jihad* serão encontrados nas edições standard das tradições do Profeta, alguns deles também disponíveis em inglês. Os citados acima foram tirados de 'Ala al-Din 'Ali ibn Husam al-Din al-Muttqi, *Kanz al-'Ummal*, 8 partes (Hiderabad, 1312; 1894-1895), vol.2, p.252-86.

** Em português, Hégira.

des, desde que se comportassem conforme o acordo. A próxima tarefa era a extensão da autoridade muçulmana ao resto da Arábia e, sob os califas sucessores do Profeta, ao resto do mundo.

Nos primeiros séculos da era islâmica, isso parecia possível e, na realidade, provável. Dentro de um tempo extraordinariamente curto, os exércitos conquistadores muçulmanos haviam derrubado o antigo império da Pérsia e incorporado todos os seus territórios aos domínios do califado, abrindo caminho para a invasão da Ásia Central e da Índia. A Oeste, o Império Bizantino ainda não havia sido derrubado, mas grande parte de seus territórios fora tomada. As províncias então cristãs da Síria, Palestina, África do Norte e do Egito foram incorporadas e, a seu devido tempo, islamizadas e arabizadas, passando a servir como bases para a subseqüente invasão da Europa e a conquista da Espanha e de Portugal, bem como do sul da Itália. Por volta do início do século VIII, os exércitos conquistadores árabes já haviam avançado além dos Pirineus, até a França.

Após vários séculos de ininterruptas vitórias, a *jihad* árabe foi finalmente refreada e repelida pela Europa cristã. No Leste, os bizantinos mantiveram a grande cidade cristã de Constantinopla, repelindo uma série de ataques árabes. No Oeste, começaram o longo processo conhecido na história espanhola como a Reconquista, que acabou resultando na expulsão dos muçulmanos dos territórios que haviam conquistado na Itália e na Península Ibérica. Também foi deslanchada uma tentativa de levar a Reconquista ao Oriente Médio e recobrar o local de nascimento de Cristo, tomado pelos muçulmanos no século VII. Essa tentativa, conhecida como as cruzadas, falhou totalmente, e os cruzados foram expulsos em debandada.

Mas a *jihad* não havia terminado. Uma nova fase foi inaugurada, agora não pelos árabes, mas por turcos e tártaros, recentemente incorporados ao islã. Esses foram capazes de conquistar a até então terra cristã da Anatólia e, em maio de 1453, tomaram Constantinopla, que a partir daí tornou-se a capital dos sultões otomanos, sucessores do antigo califado na liderança da *jihad* islâmica. Os otomanos nos

Bálcãs e os tártaros islamizados na Rússia reassumiram a tentativa de conquistar a Europa, dessa vez começando pelo leste, e, por algum tempo, pareciam estar próximos do sucesso.

Mas, novamente, a cristandade européia foi capaz de expulsar os invasores e, de novo, agora com melhores resultados, de contra-atacar os domínios do islã. A *jihad* então tornara-se quase totalmente defensiva – resistindo à Reconquista na Espanha e na Rússia, resistindo aos movimentos de autoliberação nacional dos cristãos submetidos ao Império Otomano e, finalmente, tal qual o ponto de vista dos muçulmanos, defendendo o coração da terra islamita contra o ataque de infiéis. Essa fase veio a ser conhecida como imperialismo.

Mesmo nesse período de retirada, a *jihad* ofensiva de forma alguma foi abandonada. Em 1896, os afegãos invadiram as regiões montanhosas de Hindu Kuch onde é agora o nordeste do Afeganistão. Até então, os habitantes eram não-muçulmanos, e a região era, portanto, conhecida pelos muçulmanos como Cafiristão, "terra dos que não crêem". Após a conquista afegã, foi renomeada Nuristão, "terra de luz". Durante o mesmo período, *jihads* de vários tipos foram conduzidas na África contra populações não-muçulmanas. Mas, em sua maior parte, o conceito, a prática e a experiência da *jihad* no moderno mundo islâmico têm sido, em sua quase totalidade, de natureza defensiva.

O uso predominantemente militar do termo continuou até tempos relativamente modernos. No Império Otomano, a cidade de Belgrado, uma base avançada na guerra contra os austríacos, recebeu o nome de Casa da *Jihad* (*Dar al-Jihad*). No início do século XIX, quando Muhammad 'Ali Paxá, o líder modernizador do Egito, reformou suas forças armadas e sua administração seguindo os gêneros francês e britânico, foi criado um "departamento de guerra" para administrá-las. Era conhecido em árabe como o Divã dos Assuntos da *Jihad* (*Diwan al-Jihadiyya*), e seu chefe era o supervisor dos assuntos da *jihad* (*Nazir al-Jihadiyya*). Seria possível citar outros exemplos nos quais a palavra *jihad* perdeu seu aspecto sacro, conservando apenas sua conotação militar. Nos tempos modernos, tanto o uso militar quanto o moral do termo foram revividos, e são entendidos e empregados de maneiras diversas por diferentes grupos de pessoas. Organizações que, na atualidade, se atribuem o nome de *Jihad* na Caxemira, Tchetchênia, Palestina e em outros lugares, evidentemente não usam a palavra para denotar empenho moral.

A *jihad* é apresentada, às vezes, como o equivalente muçulmano das cruzadas, e as duas são vistas como mais ou menos equivalentes. Em um certo sentido, isso é verdadeiro – ambas foram proclamadas e lançadas como guerras santas da fé verdadeira contra um inimigo infiel. Mas há uma diferença. As cruzadas são um evento tardio na história cristã e, de certo modo, marcam um afastamento radical dos valores básicos cristãos, tal como expressos nos Evangelhos. A cristandade estivera sob ataque desde o século VII, e havia perdido vastos territórios para o domínio muçulmano; o conceito de uma guerra santa, mais comumente uma guerra justa, era familiar desde a Antigüidade. Ainda assim, no longo conflito entre islamismo e cristandade, as cruzadas foram tardias, limitadas e de relativamente pouca duração. A *jihad*, ao contrário, está presente desde o início da história islâmica – nos textos sagrados, na vida do Profeta e nas condutas de seus companheiros e sucessores imediatos. Continuou a existir ao longo da história islâmica e mantém seu apelo até os dias atuais.

A palavra *cruzada* deriva, obviamente, de cruz, e denotava originalmente uma guerra santa da cristandade. Mas, no mundo cristão, há muito perdeu aquele significado, sendo usada no sentido geral de uma campanha de orientação moral por uma boa causa. Pode-se iniciar uma cruzada pelo meio ambiente, por despoluição das águas, por melhores serviços sociais, pelos direitos das mulheres e por toda uma gama de causas. O único contexto no qual a palavra *cruzada* não é usada hoje em dia é justamente no sentido religioso original. *Jihad* também é usada em vários sentidos, mas, ao contrário de *cruzada*, manteve seu significado original principal.

Aqueles que são mortos na *jihad* são chamados mártires, *shahid* – em árabe e em outras línguas muçulmanas. A palavra mártir vem do grego *martys* ("testemunha") e, no uso judaico-cristão, designa aquele que está preparado para sofrer tortura e morte em vez de renunciar à sua fé. Seu martírio é, assim, um testemunho daquela fé e de sua disposição de sofrer e morrer por ela. A palavra árabe *shahid* também significa "testemunha" e é usualmente traduzida como "mártir", mas tem uma conotação bastante diferente. O uso islâmico do termo *martírio* é normalmente interpretado como morte em uma *jihad*, e sua recompensa é a bem-aventurança eterna, descrita com certo detalhe em textos religiosos mais antigos. O suicídio, ao contrário, é um pecado mortal e leva à danação eterna, mesmo para aqueles que, de outra forma, teriam garantido um lugar no paraíso. Os juristas clássicos distinguem claramente entre defrontar a morte nas mãos do inimigo e matar-se com as próprias mãos. A primeira leva ao céu, a outra, ao inferno. Alguns juristas fundamentalistas modernos e outros têm obscurecido ou mesmo repudiado essa distinção, mas sua opinião de forma alguma é aceita unanimemente. O homem-bomba, portanto, está assumindo um risco considerável, decorrente de uma sutileza teológica.

Dado que a guerra santa é uma obrigação da fé, tem uma regulamentação elaborada na *shari'a*. Os que lutam em uma *jihad* são instados a não matar mulheres, crianças e idosos – a menos que esses ataquem primeiro –, a não torturar ou mutilar prisioneiros, a avisar a tempo sobre o recomeço das hostilidades após uma trégua e a honrar acordos. Juristas e teólogos medievais discutem com certa minuciosidade as regras da guerra, incluindo questões como armas permitidas ou proibidas. Existe até alguma discussão nos textos medievais sobre a legalidade de mísseis e guerra química, a primeira relacionada a manganelas e catapultas, a segunda, a flechas envenenadas e ao envenenamento dos reservatórios de água do inimigo. Há uma variação considerável a respeito desses pontos. Certos juristas permitem, alguns limitam, outros desaprovam o uso dessas armas. A razão apresentada para esse cuidado são as mortes indiscriminadas que produzem. Em nenhum momento os textos básicos do islã ordenam o terrorismo e o assassinato. Em momento algum – pelo menos que eu saiba – eles sequer consideram o massacre aleatório de circunstantes.

Os juristas insistem em que os espólios da guerra devem ser um benefício incidental, não o propósito principal. Alguns chegam a dizer que, se vêm a tornar-se o objetivo principal, isso invalida a *jihad* e anula seus benefícios, se não nesse mundo, então no próximo. A *jihad*, para ter qualquer valor legal, tem que ser empreendida "no caminho de Deus" e não em nome de ganhos materiais. Existem, todavia, reclamações freqüentes sobre o uso do honrado nome da *jihad* para propósitos desonrosos. Juristas africanos, em particular, lamentam o uso do termo *jihad* por caçadores de escravos para justificar suas depredações e estabelecer a propriedade legítima de suas vítimas. A Lei Sagrada prescreve bom tratamento para não-combatentes, mas concede aos vencedores direitos extensivos sobre a propriedade e também sobre as pessoas e as famílias dos vencidos. De acordo com o costume universal da Antigüidade, inimigos capturados na guerra eram escravizados, junto com suas famílias, e poderiam ser vendidos ou mantidos pelo vencedor para seu uso. O islã trouxe uma modificação dessa regra, limitando o direito à escravização apenas daqueles capturados em uma *jihad*, e em nenhuma outra forma de guerra.

As regras relativas a uma guerra contra apóstatas são um tanto diferentes, e sem dúvida mais rigorosas que as para uma guerra contra infiéis. O apóstata ou renegado, aos olhos muçulmanos, é muito pior do que o infiel. O infiel não viu a luz, e há sempre a esperança de que, um dia, ele a veja. No meio tempo, desde que atenda às condições necessárias, pode merecer a tolerância do Estado muçulmano e ter permissão para continuar a praticar sua própria religião e até mesmo aplicar suas próprias leis religiosas. O renegado é alguém que conheceu a fé verdadeira, não importa se por pouco tempo, e a abandonou. Não existe perdão humano para essa ofensa, e, de acordo com a esmagadora maioria dos juristas, o renegado deve ser morto, se for homem. Se for mulher, pode ser suficiente uma punição mais leve, como flagelação e prisão. A misericórdia divina pode perdoá-lo no outro mundo, se Deus assim escolher. Nenhum ser humano tem autoridade para tanto. Essa distinção é de alguma importância atualmente, quando líderes militantes proclamaram uma *jihad* dupla – contra estrangeiros infiéis e contra apóstatas domésticos. A maior parte, se não a totalidade, dos governantes muçulmanos que nós, no Ocidente, temos o prazer de ver como nossos amigos e aliados é vista por muitos – ou talvez pela maioria de seu próprio povo – como traidores e, muito pior que isso, como apóstatas.

Desde os tempos antigos foi feita uma distinção legal entre territórios adquiridos pela força (*'anwatan* em árabe, o equivalente a *vi et armis* no direito romano) e os adquiridos *sulhan*, isto é, por alguma forma de trégua ou rendição pacífica. As regras relativas a butim e, em termos mais gerais, ao tratamento da população do território recém-adquirido diferem em alguns aspectos notáveis. De acordo com a tradição, a diferença era simbolizada na mesquita todas as sextas-feiras. Em territórios tomados *'anwatan*, o imame levava uma espada; naqueles tomados *sulhan*, um bastão de madeira. A imagem da espada continua a ser importante. Até hoje, a bandeira saudita tem dois emblemas em um campo verde. Um é o texto em árabe do credo muçulmano: "Não existe outro deus além de Deus, Maomé é o profeta de Deus." O outro é uma inequívoca representação de uma espada.

Em certos períodos, os juristas reconheceram um status intermediário, a Casa da Trégua (*Dar al-Sulh*) ou Casa da Aliança (*Dar al-'Ahd*), entre as Casas da Guerra e do Islã. Essas Casas intermediárias eram formadas por países não-muçulmanos, usualmente cristãos, cujos governantes entraram em algum tipo de acordo com os governantes do islã: pagavam uma forma de taxa ou tributo, visto como o equivalente da *jizya*, ou imposto por cabeça, e conservavam um alto grau de autonomia em seus assuntos internos. Um exemplo mais antigo foi o acordo feito pelos califas Omíadas no século VII com os príncipes cristãos da Armênia. O exemplo clássico da *Dar al-Sulh*, ou Casa da Trégua, foi o pacto acordado em 652 d.C. com os governantes cristãos da Núbia, segundo o qual não pagavam a taxa, mas proviam um tributo anual, consistindo em um número específico de escravos. Ao fazer a opção de considerar presentes como tributos, os governantes muçulmanos e seus conselheiros jurídicos podiam ajustar a lei para cobrir uma grande variedade de relações políticas, militares e comerciais com as nações não-muçulmanas. Essa abordagem não desapareceu inteiramente.

* * *

Desde tempos mais antigos, os muçulmanos sabiam que havia certas diferenças entre os povos da Casa da Guerra. A maior parte deles era constituída simplesmente de politeístas e idólatras, que não representavam qualquer ameaça séria ao islã e eram prováveis candidatos à conversão. Esses eram encontrados principalmente na Ásia e na África. A principal exceção eram os cristãos, que os muçulmanos reconheciam como tendo uma religião do mesmo tipo da sua e, portanto, sendo seus maiores rivais na guerra pela dominação do mundo – ou, como teriam definido, pela iluminação do mundo. A cristandade e o islã são duas civilizações definidas a partir de suas religiões, e entraram em conflito não por suas diferenças, mas pelas semelhanças.

A mais antiga edificação religiosa muçulmana que sobrevive fora da Arábia, o Domo da Rocha, em Jerusalém, foi completada em 691 ou 692 d.C. A construção desse monumento no lugar do antigo templo judeu, no estilo e na vizinhança de monumentos cristãos tais como o Santo Sepulcro e a Igreja da Ascensão, enviou uma inequívoca mensagem aos judeus e, mais importante ainda, aos cristãos. As revelações recebidas por esses, embora autênticas, haviam sido corrompidas por seus indignos guardiães e foram, portanto, suplantadas pela revelação final e perfeita encarnada no islã. Assim como os judeus haviam sido vencidos e superados pelos cristãos, também a ordem mundial cristã seria agora substituída pela fé muçulmana e pelo califado islâmico. Para salientar a questão, as palavras do Alcorão inscritas no Domo da Rocha denunciam o que os muçulmanos vêem como os principais erros cristãos: "Bendito seja Deus, que não gerou nenhum filho e não tem nenhum semelhante" e "Ele é Deus, uno, eterno. Ele não gerou, Ele não foi gerado, e Ele não tem semelhante." (Alcorão CXII) Isso era, claramente, um desafio à cristandade em seu próprio berço. Um milênio mais tarde, quando tropas norte-americanas estacionaram na Arábia, isso foi visto por muitos muçulmanos, e notavelmente por Osama bin Laden, como um desafio similar, dessa vez vindo da cristandade contra o islã.

Visando reforçar aquele desafio inicial à cristandade, o califa, pela primeira vez, fez cunhar moedas de ouro, até então uma prerrogativa imperial romana. É significativo que o nome da primeira moeda de ouro islâmica, o *dinar*, tenha sido tomado emprestado do *denarius* romano. Algumas dessas moedas traziam o nome do califa, seu título de Comandante dos Fiéis e os mesmos versículos polêmicos. A mensagem era clara. No entendimento muçulmano, os judeus e, mais tarde, os cristãos, haviam-se desencaminhado e seguido falsas doutrinas. As duas religiões, portanto, foram superadas e substituídas pelo islã, a revelação final e perfeita na sucessão de Deus. Os versículos do Alcorão inscritos no Domo e nas moedas de ouro condenam o que, para os muçulmanos, é a pior das corrupções à fé verdadeira. Há também, por certo, uma mensagem adicional do califa para o imperador: "Sua fé está corrompida, seu tempo passou, agora sou eu o governante do império de Deus na terra."

A mensagem foi bem compreendida, e a cunhagem de moedas de ouro vista pelo imperador como um *casus belli*. Por mais de mil anos, a partir de suas sucessivas capitais em Medina, Damasco, Bagdá, Cairo e Istambul, os califas do islã fizeram guerra contra os imperadores cristãos em Constantinopla, Viena e, posteriormente, sob outros títulos, em países a oeste mais distantes. Cada um desses, em seu tempo, foi o principal alvo da *jihad*.

Na prática, por certo, a aplicação da doutrina da *jihad* nem sempre era rigorosa ou violenta. O estado de guerra canonicamente obrigatório poderia ser interrompido para o que era então definido pela lei como trégua, mas esta diferia um pouco dos chamados tratados de paz que nações européias em guerra assinavam umas com as outras. Tais tréguas eram feitas pelo Profeta com seus inimigos pagãos, e se tornaram a base do que pode ser chamado direito internacional islâmico. De acordo com a *sharia*, tolerar as religiões baseadas em revelações divinas anteriores não era um mérito, mas uma obrigação (Alcorão II, 256: "Não há compulsão na religião."). Nas terras sob governo muçulmano, a lei islâmica requeria que judeus e cristãos tivessem a permissão de praticar suas religiões e cuidar de seus próprios negócios, sujeitos a certas restrições, sendo a mais importante uma taxa imposta sobre todos os homens adultos. Essa taxa, chamada *jizya*, está especificada no Alcorão IX, 29: "Lute contra aqueles que não acreditam em Deus ou no último dia, que não proíbem o que Deus e Seus Apóstolos declararam proibido, que não praticam a religião da verdade, embora sejam o Povo do Livro [i.e., judeus e cristãos], até que paguem a *jizya*, direta e humildemente." As últimas palavras têm tido interpretações variadas, tanto na literatura como na prática.

Outras limitações incluíam o uso de vestimentas ou símbolos distintivos e a proibição de portar armas, andar a cavalo, possuir escravos muçulmanos ou ocupar um ponto mais elevado que as construções muçulmanas. Exceto pelas duas últimas e a *jizya*, nem sempre tinham uma imposição rigorosa. Em compensação, os súditos não-muçulmanos tolerados pelo Estado muçulmano desfrutavam de grande autonomia na condução de seus negócios internos comunitários, incluindo educação, taxação e a aplicação de suas próprias leis civis, especialmente casamento, divórcio e herança. O pacto ou contrato entre o Estado muçulmano e uma comunidade nãomuçulmana nele residente era chamado *dhimma*, e os membros dessa comunidade tolerada eram *dhimmis*. Em termos modernos, judeus e cristãos no Estado islâmico clássico eram o que chamaríamos cidadãos de segunda classe – mas era muito melhor uma cidadania de segunda classe estabelecida por lei e revelação, e reconhecida pela opinião pública, do que a total falta de cidadania a que estavam destinados os não-cristãos e mesmo alguns cristãos desviantes no Ocidente.

A *jihad* também não impediu os governos muçulmanos de ocasionalmente buscarem aliados cristãos contra muçulmanos rivais, mesmo durante as cruzadas.

3 De Cruzados a Imperialistas

As cruzadas ocupam espaço proeminente na consciência e no discurso do moderno Oriente Médio, tanto dos árabes nacionalistas quanto dos fundamentalistas islâmicos, notadamente Osama bin Laden. Nem sempre foi assim.

A tomada de Jerusalém pelos cruzados em 1099 d.C. foi um triunfo para a cristandade e um desastre para os muçulmanos e também para os judeus que viviam na cidade. A julgar pela historiografia árabe do período, suscitou muito pouco interesse na região. Apelos de ajuda dos muçulmanos locais a Damasco e Bagdá permaneceram sem resposta, e os recém-estabelecidos principados cruzados, de Antioquia a Jerusalém, logo se encaixaram no padrão de jogo político do Levante, com alianças multirreligiosas envolvendo príncipes muçulmanos e cristãos e também com rivalidades internas em cada um desses dois grupos.

A grande contracruzada que acabaria por vencer e expulsar os cruzados não começou senão quase um século mais tarde. Sua causa imediata foram as atividades de um líder cruzado flibusteiro, Reinaldo de Châtillon, que dominou a fortaleza de Kerak, no sul da atual Jordânia, entre 1176 e 1187 d.C., usando-a para lançar uma série de ataques-surpresa contra caravanas muçulmanas e o comércio das regiões vizinhas, incluindo o Hijaz. Os historiadores das cruzadas estão provavelmente certos em dizer que a motivação de Reinaldo era principalmente econômica; em outras palavras, a busca de pilhagens. Mas os muçulmanos viram suas campanhas como uma provocação e um desafio aos lugares sagrados do islã.

Em 1182, violando um acordo entre o cruzado rei de Jerusalém e o líder muçulmano Saladino, Reinaldo atacou e saqueou caravanas muçulmanas, incluindo uma de peregrinos que se dirigiam a Meca. Ainda mais abominável, do ponto de vista muçulmano, foi sua ameaça à Arábia e, especialmente, uma expedição pirata no mar Vermelho, consistindo em ataques a navios muçulmanos e aos portos do Hijaz que serviam Meca e Medina. Foram esses eventos que levaram Saladino diretamente a declarar uma *jihad* contra os cruzados – um exemplo vívido da importância central da Arábia segundo a concepção islâmica.

As vitórias de Saladino e sua tomada de Jerusalém das mãos dos cruzados, em 1187, têm sido desde sempre, e até hoje, uma fonte de inspiração para líderes árabes. Saddam Hussein refere-se freqüentemente a dois dirigentes do Iraque que sustenta serem predecessores de sua missão: Saladino, que acabou com a ameaça ocidental do seu tempo, vencendo e expulsando os cruzados, e Nabucodonosor, que lidou rápida e decisivamente com o problema sionista. Em 8 de outubro de 2002, o primeiro-ministro francês, Jean-Pierre Raffarin, em um pronunciamento perante a Assembléia Nacional francesa, referiu-se a como Saladino foi capaz de "derrotar os cruzados na Galiléia e libertar Jerusalém". Esse interessante uso da palavra *libertar* por um primeiro-ministro francês para descrever como Saladino tomou Jerusalém dos cruzados pode ser um reflexo de realinhamentos atuais ou, alternativamente, um caso de extrema correção política. Em alguns outros países, essa formulação poderia ser atribuída à ignorância da história, mas certamente não na França.

Mesmo na Europa cristã, Saladino era celebrado e admirado, com justiça, pela maneira cavalheiresca e generosa como tratava seus inimigos vencidos. Esse tratamento, contudo, não foi estendido a Reinaldo de Châtillon. O grande historiador árabe Ibn al-Athir explica as circunstâncias. "Duas vezes [disse Saladino] eu havia jurado matá-lo se o tivesse em minhas mãos: quando ele tentou marchar contra Meca e Medina e, mais uma vez, quando traiçoeiramente capturou a caravana [que ia para o Hijaz]."* Após a grande vitória de Saladino, quando muitos dos príncipes e capitães cruzados foram feitos prisioneiros e mais tarde libertados, ele separou Reinaldo de Châtillon dos demais e o matou e decapitou com as próprias mãos.

Após o sucesso da *jihad* e a retomada de Jerusalém, Saladino e seus sucessores parecem ter perdido interesse pela cidade, e um deles chegou a ceder Jerusalém ao imperador Frederico II, em 1229, como parte de um acordo entre o chefe muçulmano e os cruzados. A cidade foi recobrada em 1244, após os cruzados tentarem fazer dela uma cidade puramente cristã. Depois de longo período de relativa obscuridade, o interesse pela cidade foi reavivado no século XIX, primeiro pelas altercações entre as autoridades européias sobre a custódia dos lugares sagrados cristãos e, em seguida, pela nova imigração judia.

Foi também no século XIX que surgiu o interesse dos muçulmanos pelas cruzadas, em contraste com o notável grau de desinteresse que mostraram pelas mesmas na época em que ocorreram. A vasta e rica historiografia árabe do período registra adequadamente a chegada dos cruzados, suas batalhas e os Estados que estabeleceram, mas mostra pouca ou quase nenhuma compreensão da natureza e dos propósitos de seus empreendimentos. As palavras cruzada e cruzado nem ao menos ocorrem na historiografia árabe da época: os cruzados são designados por infiéis, cristãos ou, mais freqüentemente, francos, um termo genérico para cristãos europeus católicos – e, mais tarde, também para protestantes – usado a fim de distingui-los de seus correligionários ortodoxos e orientais. A visão das cruzadas como um fenômeno histórico distinto data do século XIX, bem como

---

* Ibn al-Athir, in *Al-Kamil fi'l-Ta'rikh*, C.J. Tornberg (org.), vol.11, ano 583 (Leiden, 1853-1864), p.354-5.

a tradução de livros de história europeus. Desde então, existe um novo entendimento das cruzadas como um protótipo inicial da expansão do imperialismo europeu sobre o mundo islâmico. Uma descrição mais precisa as apresentaria como uma resposta à *jihad* – tardia, muito limitada e, por último, sem nenhum efeito. As cruzadas terminaram em fracasso e derrota e foram rapidamente esquecidas nas terras do islã, mas posteriores esforços europeus para resistir ao avanço muçulmano sobre a cristandade e revertê-lo tiveram mais sucesso, iniciando o que se tornou uma série de duras derrotas nas fronteiras do mundo islâmico.

Durante o califado árabe medieval e, novamente, sob as dinastias persa e turca, o Império do islã era a mais rica, mais poderosa, mais criativa e esclarecida região do mundo, e no decorrer da maior parte da Idade Média a cristandade esteve na defensiva. No século XV, o contra-ataque cristão se ampliou. Os tártaros foram expulsos da Rússia, e os mouros, da Espanha. Mas no sudeste europeu, onde o sultão otomano confrontou-se primeiro com o imperador bizantino e depois com o do Sacro Império Romano, o poder muçulmano prevaleceu, e esses e outros reveses foram vistos como periféricos e insignificantes. No século XVII, paxás turcos ainda governavam em Budapeste e Belgrado, exércitos turcos sitiavam Viena e corsários bárbaros atacavam navios e praias distantes, como as da Inglaterra e Irlanda e, às vezes, até mesmo da Madeira e da Islândia. Os corsários eram muito ajudados em seu trabalho por europeus que, por uma razão ou outra, estabeleceram-se na África do Norte e lhes ensinaram a construir, equipar e operar navios no mar do Norte e mesmo no Atlântico. Essa fase não durou muito.

E veio então a grande mudança. O segundo sítio turco de Viena, em 1683, terminou em fracasso total, seguido por uma longa retirada – uma experiência totalmente nova para os exércitos otomanos. Essa derrota, sofrida pelo que era então a maior potência militar do mundo muçulmano, deu origem a um novo debate que, de certo modo, estende-se até os dias de hoje. A discussão começou entre as elites otomanas – militares, políticas e, posteriormente, intelectuais – como um exame de duas questões: por que os até então invictos exércitos otomanos haviam sido derrotados pelo menosprezado inimigo cristão? E como sua antiga dominância poderia ser restaurada? Com o tempo, o debate estendeu-se das elites para círculos cada vez mais amplos, da Turquia para muitos outros países, abrangendo cada vez maior número de aspectos.

Havia uma boa razão para a preocupação. Seguiram-se derrotas e mais derrotas, e as forças européias cristãs, tendo liberado suas próprias terras, perseguiam os antigos invasores até as deles na Ásia e na África. Mesmo pequenos governos europeus como Holanda e Portugal foram capazes de construir vastos impérios no Leste e desempenhar um papel dominante no comércio. Em 1593, um oficial otomano que também servia como cronista de eventos em curso, Selaniki Mustafa efêndi, registrou a chegada de um embaixador inglês a Istambul. Não demonstrou grande interesse pelo embaixador, mas estava muito intrigado com o navio inglês no qual ele viajava: "Um navio tão estranho quanto esse nunca havia entrado no porto de Istambul", escreveu. "Cruzou 3.700 milhas de mar e carregava 83 canhões, além de outras armas ... era o assombro da época, nunca nada semelhante fora visto ou registrado."* Outra fonte de maravilhamento era o soberano que havia enviado o embaixador: "O governante da ilha da Inglaterra é uma mulher que governa o reino que herdou ... com poder total."

Um detalhe adicional, não mencionado pelo historiador otomano, era também de alguma importância. O embaixador inglês em questão havia realmente sido nomeado pela rainha Elizabeth I, mas escolhido e apoiado não pelo governo inglês, mas por uma corporação de comércio – um arranjo útil num tempo em que os negócios

---

* Selaniki Mustafa efêndi, in *Tarih-i Selaniki*, Mehmet Ipsirli (org.), 2ª ed., Istambul, 1999, p.334.

eram a maior preocupação do mundo ocidental no Oriente Médio. De fato, foi a rápida e inovadora expansão tecnológica e econômica do Ocidente – a fábrica, o navio cargueiro, a sociedade anônima – que marcou o começo da nova era. Navios da Europa ocidental projetados para o Atlântico, podiam facilmente superar o desempenho de outros feitos para o Mediterrâneo, o mar Vermelho e o oceano Índico, tanto na guerra quanto no comércio, e aquele comércio era ainda mais fortalecido por dois hábitos ocidentais: cooperação e competição. Por volta do século XVIII, produtos tradicionais do Oriente Médio, como café e açúcar, estavam sendo cultivados nas novas colônias ocidentais na Ásia e nas Américas e exportados para o Oriente Médio por comerciantes e corporações ocidentais. Até mesmo peregrinos muçulmanos viajando do sul e sudeste da Ásia para as cidades sagradas da Arábia algumas vezes faziam reservas em navios europeus – mais rápidos, baratos, seguros e confortáveis.

Para a maior parte dos historiadores, tanto os ocidentais quanto os do Oriente Médio, o início oficial da história moderna no Oriente Médio data de 1798, quando a Revolução Francesa, na pessoa de um jovem general chamado Napoleão Bonaparte, aportou no Egito. Em um tempo extraordinariamente curto, o general Bonaparte e sua pequena força expedicionária foram capazes de conquistar, ocupar e governar o país. Antes disso, havia ocorrido ataques, retiradas e perdas de território nas fronteiras remotas, onde os turcos e os persas enfrentaram a Áustria e a Rússia. Mas ver uma pequena força ocidental invadir uma das áreas vitais do islã causou um choque profundo. A partida dos franceses, num certo sentido, foi um choque ainda maior. Foram forçados a sair do Egito não pelos egípcios, nem por seus suseranos, os turcos, mas por um pequeno esquadrão da Marinha Real inglesa comandado por um jovem almirante chamado Horácio Nelson. Essa foi a segunda amarga lição que os muçulmanos tiveram de aprender: não apenas uma força ocidental podia chegar, invadir e governar como lhe aprouvesse, mas apenas uma outra força ocidental poderia expulsá-la.

Imperialismo é um tema particularmente importante no Oriente Médio e, sobretudo, no caso do islã contra o Ocidente. Para eles, a palavra *imperialismo* tem um significado especial. Essa palavra, por exemplo, nunca é usada pelos muçulmanos dos grandes impérios muçulmanos – o primeiro deles fundado pelos árabes, os últimos pelos turcos, que conquistaram vastos territórios e populações e os incorporaram à Casa do Islã. Era perfeitamente legítimo para os muçulmanos conquistar e governar a Europa e os europeus e, assim, possibilitar – mas não obrigar – que abraçassem a fé verdadeira. Era um crime e um pecado para os europeus conquistar e governar os muçulmanos e, pior ainda, tentar desencaminhá-los. Segundo a visão muçulmana, a conversão ao islamismo é um benefício ao convertido e um mérito dos que o convertem. Nos cânones muçulmanos, a renúncia ao islamismo é uma apostasia – uma ofensa capital tanto para o que é mal-encaminhado quanto para o que o desencaminha. Sobre essa questão, a lei é clara e inequívoca. Se um muçulmano renuncia ao islã, mesmo que seja um novo muçulmano voltando à sua fé anterior, a penalidade é a morte. Nos tempos modernos, o conceito e a prática de *takfir*, reconhecer e denunciar a apostasia, têm sido muito ampliados. Não é pouco usual em círculos extremistas e fundamentalistas decretar que determinada política, ação ou mesmo fala de um muçulmano professo equivale a uma apostasia e pronunciar uma sentença de morte contra o acusado. Foi esse o princípio invocado nas *fatwas* contra Salman Rushdie, no assassinato do presidente Sadat e muitos outros.

As atividades européias em terras islâmicas passaram por diversas fases. A primeira foi de expansão comercial, vista pelos muçulmanos como exploração deles mesmos e de seus países, tanto como mercados quanto como fontes de matérias-primas. Depois vieram a invasão armada e a conquista, através das quais as nações européias estabeleceram uma dominação efetiva sobre importantes áreas do mundo islâmico – os russos no Cáucaso e em terras transcaucasianas e, mais tarde, na Ásia Central; os ingleses na Índia; os ingleses e os holandeses na Malásia e Indonésia; e, na fase final, os ingleses e os franceses no Oriente Médio e na África do Norte. Nesses lugares, os imperialistas governaram por diferentes períodos – em alguns, como no sudeste asiático e na Índia, durante séculos; em outros, como nas terras árabes do Oriente Médio, por intervalos relativamente curtos.

Em qualquer dos casos, deixaram sua marca. No mundo árabe, o período de domínio imperial anglo-francês começou com os franceses na Argélia (1830) e os ingleses em Áden (1839); continuou com a ocupação inglesa do Egito (1882), a extensão do controle francês à Tunísia (1881) e ao Marrocos (1911) e da ascendência britânica sobre o Golfo Pérsico; e chegou ao ponto máximo com a divisão das províncias árabes otomanas do Crescente Fértil entre os dois maiores impérios da Europa ocidental. Dessa vez, os territórios recém-adquiridos não foram simplesmente anexados no estilo tradicional, como colônias ou dependências. A Inglaterra e a França, como poderes mandatários, receberam a incumbência de administrá-los, sob a jurisdição da Liga das Nações, com a tarefa explícita de prepará-los para a independência. Esse foi um episódio muito breve, começando após a Primeira Guerra Mundial e terminando após a Segunda, quando os mandatos foram encerrados e os territórios administrados tornaram-se independentes. A maior parte da Península Arábica permaneceu fora dos domínios imperiais.

Apesar disso, o impacto do imperialismo foi visto como imenso e, aos olhos da maioria das pessoas da região, totalmente prejudicial. O impacto e o dano foram, sem dúvida, consideráveis, mas provavelmente menos extensos e menos unidimensionais do que as mitologias nacionalistas teriam sustentado. Afinal, houve alguns benefícios – infra-estrutura, serviços públicos, sistemas educacionais, bem como algumas mudanças sociais, notadamente a abolição da escravidão e a considerável redução, embora não a eliminação, da poligamia. O contraste pode ser visto muito claramente comparando-se os países que sofreram sob o jugo imperial, como o Egito e a Argélia, com aqueles que nunca perderam sua independência, como a Arábia e o Afeganistão. Na Arábia Saudita, as universidades surgiram mais tarde, e em pequeno número. Atualmente, para uma população estimada em 21 milhões, há oito universidades – uma a mais que as sete instituições de ensino superior criadas pelos palestinos desde a ocupação dos territórios por Israel em 1967. A escravidão só foi legalmente abolida na Arábia Saudita em 1962, e a subjugação das mulheres permanece em plena vigência.

Mas certamente o imperialismo e, em termos mais amplos, a influência ocidental ou européia tiveram conseqüências negativas consideráveis, mesmo naqueles países que conseguiram manter sua independência política, como a Turquia e o Irã. É notável, entre os efeitos da modernização, o fortalecimento da autoridade do Estado pela consolidação do aparato de vigilância, repressão e doutrinação e, ao mesmo tempo, o enfraquecimento ou eliminação daqueles poderes intermediários que, na ordem tradicional, limitavam o poder efetivo de governantes autocráticos. A mudança social e o rompimento de antigas relações e obrigações sociais trouxeram grande dano à sociedade e criaram novos e crescentes contrastes, que os meios de comunicação modernos tornaram cada vez mais visíveis. Já em 1832, um sagaz observador britânico, um jovem oficial naval chamado Adolphus Slade, notara essa diferença entre o que chamou a antiga nobreza e a nova nobreza.* A antiga nobreza, disse ele, vivia em suas propriedades. Para a nova nobreza, suas propriedades eram o Estado. Isso continua valendo em grande parte da região até os dias de hoje.

No início do século XX, embora uma independência precária fosse mantida pela Turquia, pelo Irã e por alguns países mais afasta-

* Adolphus Slade, *Turkey and the Crimean War: A Narrative of Historical Events* (Londres, 1867), p.30-2.

dos como o Afeganistão – que, naquela época, não parecia valer a pena invadir –, quase todo o mundo muçulmano havia sido incorporado aos quatro impérios europeus (Britânico, Francês, Russo e Holandês). Governos e facções do Oriente Médio foram forçados a aprender a jogar esses poderosos rivais uns contra os outros. Durante algum tempo, o jogo funcionou com algum sucesso. Dado que os aliados ocidentais – Grã-Bretanha e França, e depois os Estados Unidos – dominavam de fato a região, os oponentes do Oriente Médio naturalmente buscaram apoio junto aos inimigos daqueles aliados. Na Segunda Guerra Mundial, voltaram-se para a Alemanha; na Guerra Fria, para a União Soviética.

Já em 1914, a Alemanha, então aliada do Império Otomano, tentou mobilizar sentimentos religiosos entre os súditos muçulmanos dos impérios Britânico, Francês e Russo contra seus senhores imperiais e, portanto, em favor da Alemanha. O esforço produziu parcos resultados, e foi fortemente ridicularizado pelo grande orientalista holandês Snouck Hurgronje em um famoso artigo intitulado "Guerra santa: made in Germany".*

Onde o kaiser havia falhado, Hitler foi, por algum tempo, consideravelmente bem-sucedido. No final de março de 1933, poucas semanas após Hitler subir ao poder, o mufti de Jerusalém, Hajj Amin al-Husseini, abordou o cônsul-geral alemão na cidade, Heinrich Wolff, e ofereceu seus serviços. Ao relatar essa oferta a Berlim, o cônsul recomendou que fosse rejeitada ou, no mínimo, ignorada. Enquanto houvesse alguma esperança de ganhar o Império Britânico como um aliado da Alemanha, não havia sentido em antagonizar os ingleses formando associações com o que era então um movimento principalmente antibritânico. Foi só depois dos acordos de Munique, em 1938, quando Hitler finalmente desistiu de recrutar os

---

* Para uma versão em inglês ligeiramente revista, ver Snouck Hurgronje, *Verspreide Geschriften*, vol.3 (Leiden, 1923), p.257ss.

britânicos para uma aliança ariana com a Alemanha, que as propostas da liderança palestina foram aceitas. A partir de então, e ao longo dos anos da guerra, suas ligações foram muito próximas, e o mufti, de seu escritório nos arredores de Berlim, desempenhou papel significativo na política interárabe. Em 1941, com a ajuda alemã através da Síria (controlada por Vichy), Rashid 'Ali conseguiu, durante algum tempo, estabelecer um regime pró-Eixo no Iraque. Foi derrotado por tropas aliadas e juntou-se ao mufti na Alemanha. Mesmo Anwar Sadat, segundo ele mesmo admitiu, trabalhou como um espião alemão no Egito ocupado pelos britânicos.*

A derrota da Alemanha e o colapso do Terceiro Reich e de suas várias agências deixaram um vazio amargo. Como visto por muitos, foi durante o interlúdio que se seguiu que, em 1948, os judeus conseguiram estabelecer seu Estado e infligir uma derrota humilhante aos exércitos árabes enviados para impedi-los. Necessitava-se, com urgência, de um novo patrono e protetor, de um substituto do Terceiro Reich, que foi encontrado na União Soviética.

E então veio o colapso da União Soviética, que deixou os Estados Unidos como a única superpotência mundial. A era histórica do Oriente Médio inaugurada por Bonaparte e Nelson havia sido encerrada por Mikhail Gorbachev e George Bush sênior. No início, parecia que, com a retirada dos dois adversários, a era de rivalidade imperial estava terminada – a União Soviética não poderia desempenhar o papel imperial, e os Estados Unidos não o fariam. Mas não demorou muito para que os acontecimentos, em especial a Revolução Iraniana e as guerras do ditador iraquiano Saddam Hussein, forçassem os Estados Unidos a se envolverem mais diretamente nos assuntos da região, o que foi considerado pelos povos dali como uma nova fase de um velho jogo imperial. Os norte-americanos não pensavam as-

---

* Anwar al-Sadat, *Al-Bahth 'an al-dhat* (Cairo, 1978), p.50-86; versão em inglês, *In Search of Identity, an Autobiography* (Nova York, 1978), p.31ss.

sim, e mostraram não ter o anseio de assumir um papel imperial e nem a aptidão para tanto.

Os líderes muçulmanos, tanto no governo quanto na oposição, reagiram de diferentes maneiras a essa nova situação. Para alguns, a resposta natural foi buscar um novo patrono – um sucessor do Terceiro Reich e da União Soviética ao qual pudessem recorrer para incentivo, apoio e ajuda na guerra contra o Ocidente. Como um bloco de poder, o Ocidente, nesse meio tempo, havia-se movido mais para o oeste, e agora consistia, essencialmente, nos Estados Unidos, abrindo uma nova e interessante possibilidade para a Europa continental assumir o papel de opositor. De fato, alguns europeus, partilhando, por razões próprias, do rancor e hostilidade do Oriente Médio contra os Estados Unidos, mostraram disposição de aceitar esse papel. Mas, embora possam ter a intenção, faltam-lhes os meios.

O colapso da União Soviética, seguido pela derrota de Saddam Hussein na Guerra do Golfo de 1991, foi um golpe devastador para os movimentos nacionalistas seculares, especialmente o dos palestinos, que, uma vez mais, como em 1945, encontraram-se desprovidos de um patrono poderoso que os auxiliasse na defesa da causa. Seu protetor soviético havia desaparecido. Mesmo os árabes que lhes davam suporte financeiro no Kuwait e na Arábia Saudita, enraivecidos pelo entusiástico apoio palestino a Saddam Hussein, suspenderam por algum tempo seus subsídios, deixando os palestinos isolados, empobrecidos e enfraquecidos. Foi essa situação que os forçou a pensar o impensável e iniciar um processo de paz com Israel. A OLP foi resgatada pelos norte-americanos e israelenses de uma maneira considerada ignominiosa pelos fundamentalistas, e induzida a entrar em um diálogo humilhante com Israel.

Tudo isso deu maior plausibilidade à visão que os fundamentalistas têm do mundo e maior apelo a sua causa. Eles – e Osama bin Laden, em especial – interpretaram o colapso da União Soviética de maneira diferente. Em seu entendimento, foram eles, não os norte-americanos, os vencedores da Guerra Fria. A seus olhos, a União

Soviética não era um auxílio benigno em uma luta comum contra os judeus e os imperialistas ocidentais, mas sim a fonte do ateísmo e da descrença, a opressora de muitos milhões de súditos muçulmanos, e a invasora do Afeganistão. Conforme seu ponto de vista, de forma não implausível, fora a sua luta no Afeganistão que vencera o poderoso Exército Vermelho e levara os soviéticos à derrota e ao colapso. Tendo-se livrado do mais feroz e perigoso dentre as duas superpotências infiéis, sua próxima tarefa era lidar com a outra, os Estados Unidos – e, nessa guerra, as partes envolvidas eram instrumentos e agentes do inimigo infiel. Por uma série de razões, os fundamentalistas islâmicos acreditavam que combater a América seria uma tarefa mais simples e mais fácil. Para eles, os Estados Unidos haviam-se tornado moralmente corruptos, socialmente degenerados e, em conseqüência, política e militarmente enfraquecidos. Essa visão tem uma história interessante.

4 Descobrindo a América

Durante muito tempo, notavelmente pouco se sabia sobre a América nas terras do islã. No início, as viagens do descobrimento suscitaram algum interesse – a única cópia existente do mapa da América feito pelo próprio Cristóvão Colombo é uma tradução e adaptação turca, ainda preservada no Museu do Palácio de Topkapi em Istambul. O relato de um geógrafo turco do século XVI sobre o descobrimento do Novo Mundo, intitulado *A história das Índias Ocidentais*, foi um dos primeiros livros impressos na Turquia, no século XVIII. Mas o interesse era mínimo, e não muito foi dito sobre a América em turco, árabe ou em outros idiomas muçulmanos até uma época relativamente recente. A Revolução Americana, ao contrário da Francesa de uns poucos anos depois, passou quase sem ser notada, e era vista, se tanto, como um tipo bem conhecido de insurreição. Na época, um embaixador marroquino na Espanha escreveu o que deve ser, certamente, o primeiro relato árabe da Revolução Americana:

> O embaixador inglês deixou a Espanha por causa da guerra deflagrada entre espanhóis e ingleses. A causa disso foi que o povo da América estava submetido ao rei inglês e, graças aos impostos que coletava na América, o rei era mais forte que todos os outros povos cristãos. Diz-se que aumentou a carga de taxas e impostos e enviou um navio carregado de chá e os obrigou a pagar por ele mais do que era costume. Isso eles recusaram, e pediram ao rei que aceitasse o dinheiro que lhe era

> devido, mas sem impor taxas excessivas sobre eles. Isso ele recusou, e eles se rebelaram, buscando a independência. Os franceses os ajudaram em sua rebelião contra os ingleses, esperando, dessa maneira, causar dano ao rei inglês e enfraquecê-lo, porque ele era o mais forte das diferentes raças de cristãos no mar.*

O sultão do Marrocos assinou um tratado de amizade com os Estados Unidos em 1787 e, a partir daí, a nova República passou a ter um grande número de negócios com outros Estados muçulmanos, alguns cordiais, alguns hostis, a maior parte comercial e todos eles limitados.

O primeiro registro de uma menção à América como um símbolo político no mundo islâmico foi em Istambul, em 14 de julho de 1793, quando o recém-chegado embaixador da república francesa promoveu uma cerimônia pública que culminou com uma salva de tiros de dois navios franceses ancorados no cabo Seráglio. Segundo o relato do embaixador, desfraldaram as cores do Império Otomano, das repúblicas francesa e norte-americana, e "as de algumas outras poucas nações que não haviam manchado suas armas na ímpia liga de tiranos".** Um outro embaixador francês em Istambul, general Aubert du Bayet (posteriormente Dubayet), que assumiu o posto em 1796, era, em certo sentido, um norte-americano, tendo nascido em Nova Orleans e lutado no Exército dos Estados Unidos. Ele empreendeu algum esforço para disseminar as idéias da revolução na Turquia.

Mas essas foram iniciativas francesas, não norte-americanas, e, enquanto as idéias da Revolução Francesa reverberavam em idéias e correspondências turcas, árabes e de outras nacionalidades da região

---

* Muhammad ibn 'Uthman al-Miknasi (embaixador marroquino na Espanha, 1779 e 1788), in *Al-Iksir fi Fikak al-Asir*, Muhammad al-Fasi (org.) (Rabat, 1965), p.97. Ver também Ami Ay-alon, "The Arab Discovery of America in the Nineteenth Century", *Middle Eastern Studies*, vol.20 (out. 1984), p.5-17.

** E. de Marcère, *Une Ambassade à Constantinople; la politique orientale de la Révolution Française* (Paris, 1927), vol.2, p.12-15.

ao longo do século XIX, a Revolução Americana e a República que dela nasceu permaneceram despercebidas e até desconhecidas por muito tempo. Mesmo a crescente presença norte-americana – comerciantes, cônsules, missionários e professores – causou pequena ou nenhuma curiosidade, tendo recebido quase nenhuma menção na literatura e nos jornais da época. Livros de geografia, a maior parte deles traduzida ou adaptada de originais europeus, incluem breves relatos concretos sobre o hemisfério ocidental; os jornais contêm umas poucas referências dispersas a acontecimentos nos Estados Unidos, designados em geral por um nome que era a forma arabizada de sua designação francesa, *États Unis*: *Itazuni*, ou algo semelhante.

Um livro didático publicado no Egito em 1833, traduzido do francês e adaptado pelo famoso escritor e tradutor xeque Rifa'a Rafi' al-Tahtawi (1801-1873), contém breve descrição dos *Itazuni* "como um Estado (*dwala*) composto de diversas regiões (*iqlim*), agregadas em uma República no território da América do Norte. Seus habitantes são tribos que vieram ... da Inglaterra e tomaram posse daquela terra. Então se libertaram do jugo dos ingleses e se tornaram livres e independentes por si mesmos. Esse país está entre os maiores países civilizados da América, e nele se permitem o culto de todas as fés e a existência de todas as comunidades religiosas. A chefia de seu governo está em uma cidade chamada Washington".* As últimas frases são notáveis.

No final do século XIX e início do século XX, deu-se um pouco mais de atenção à América em livros didáticos, enciclopédias e jornais, mas ainda de forma muito limitada, além de ter parecido restrita, em sua maior parte, a minorias não-muçulmanas. As referências à América na literatura geral são, no conjunto, nem positivas nem negativas, mas sucintas e descritivas. Missionários, por certo, não eram apreciados em círculos muçulmanos, mas, a não ser por isso, tudo

* Rifa'a Rafi' al-Tahtawi, *Qala'id al-Mafakhir fi gharib 'awa'id al-awa'il wa'l-awakhir* (Bulaq, 1833), p.1, p.14; cf. Ayalon, "Arab Discovery of America", p.9.

indica não terem sido alvos de desconfiança e, menos ainda, de ódio. Após o fim da Guerra Civil, alguns oficiais norte-americanos desempregados conseguiram até mesmo fazer carreira a serviço dos governantes muçulmanos, ajudando-os a modernizar seus exércitos. Missionários norte-americanos, embora proibidos de fazer proselitismo entre os muçulmanos, foram capazes de transformar alguns cristãos ortodoxos em presbiterianos e, mais importante, de oferecer uma moderna educação secundarista e universitária a quantidades crescentes de rapazes e, posteriormente, de moças – primeiro das minorias e, por fim, de muçulmanos. Alguns dos formados por essas escolas chegaram a ir para os Estados Unidos a fim de continuar sua formação em escolas e universidades norte-americanas. No início, provinham, principalmente, das minorias cristãs; no devido tempo, foram seguidos por cada vez maior número de compatriotas muçulmanos, alguns deles custeados pelos governos de seus países.

A Segunda Guerra Mundial, a indústria do petróleo e os desenvolvimentos que se deram no pós-guerra levaram muitos norte-americanos às terras islâmicas; números cada vez maiores de muçulmanos também vieram para a América, primeiro como estudantes, depois como professores, homens de negócios ou visitantes e, finalmente, como imigrantes. O cinema e, mais tarde, a televisão, levaram o modo de vida norte-americano ou, de qualquer forma, uma certa visão dele a incontáveis milhões para os quais o próprio nome América não significava nada até então, ou era desconhecido. Uma grande variedade de produtos norte-americanos – sobretudo nos anos logo após a guerra, quando a competição européia estava virtualmente eliminada e a japonesa ainda não havia surgido – espalhou-se até os mais remotos mercados do mundo muçulmano, ganhando novos clientes e, talvez o mais importante, criando novos gostos e novas ambições. Para alguns, a América representava liberdade, justiça e oportunidade. Para muitos mais, representava riqueza, poder e sucesso, num tempo em que essas qualidades não eram vistas como pecados ou crimes.

E então veio a grande mudança, quando os líderes de uma restauração religiosa ampla e em expansão tiveram êxito em identificar seus inimigos como os inimigos de Deus e deram a eles "um local de residência e um nome" no hemisfério ocidental. De repente, ou assim pareceu, a América havia-se tornado um arquiinimigo, a encarnação do mal, o oponente diabólico de tudo o que é bom e, especificamente para os muçulmanos, um oponente do islã. Por quê?

Entre os componentes do sentimento antiamericanista estavam certas influências intelectuais vindas da Europa. Uma dessas originava-se na Alemanha, onde uma imagem negativa da América fazia parte de uma escola de pensamento que incluía escritores tão diversos quanto Rainer Maria Rilke, Oswald Spengler, Ernst Jünger e Martin Heidegger. Para eles, os Estados Unidos eram o exemplo perfeito de civilização sem cultura; rica e confortável, materialmente avançada, mas desprovida de alma e artificial; montada ou, no melhor dos casos, construída, mas não arraigada; mecânica, não orgânica; tecnologicamente complexa, mas sem a espiritualidade e vitalidade das culturas enraizadas, humanas, nacionais dos alemães e de outros povos "autênticos". A filosofia alemã e a filosofia da educação, em particular, desfrutaram de popularidade considerável entre intelectuais árabes e de alguns outros países muçulmanos na década de 1930 e início da década seguinte, e esse antiamericanismo filosófico era parte da mensagem.

A versão nazista das ideologias alemãs tinha influência em círculos nacionalistas, especialmente entre os fundadores e seguidores do Partido Ba'th na Síria e no Iraque. Após a rendição da França aos alemães em junho de 1940, os territórios sob mandato francês, Síria e Líbano, permaneceram sob o controle das autoridades de Vichy e eram, portanto, facilmente acessíveis para os alemães, que os usaram como base de suas atividades no mundo árabe. Notável entre essas foi a tentativa – temporariamente bem-sucedida – de estabelecer um regime pró-nazi no Iraque. A fundação do Partido Ba'th data desse período. Essas atividades terminaram em julho de 1941, com o fim da ocupação da Síria-Líbano pela Inglaterra e pela França Livre, mas o Partido Ba'th e suas peculiares ideologias sobreviveram.

O tema da artificialidade norte-americana e de sua falta de uma identidade genuinamente nacional como a dos árabes encontra-se com freqüência nos escritos do Partido Ba'th e é ocasionalmente invocada por Saddam Hussein, como, por exemplo, em uma fala de janeiro de 2002. Com a continuação das guerras – a Segunda Guerra Mundial, depois a Guerra Fria –, e tornando-se mais óbvia a liderança norte-americana no Ocidente, a parte do ódio resultante que coube à América tornou-se mais significativa.

Após o colapso do Terceiro Reich e o fim da influência alemã, outro poder e outra filosofia, ainda mais antiamericanos, tomaram seus lugares: a versão soviética do marxismo, denunciando o capitalismo ocidental e identificando os Estados Unidos como sua forma mais avançada e mais perigosa. O fato de que os russos governassem, e não com mão branda, o vasto império asiático conquistado pelos czares e reconquistado pelos soviéticos não os impediu de posar, com considerável sucesso, como os campeões e patrocinadores dos movimentos antiimperialistas que varreram o mundo após a Segunda Guerra Mundial, em especial, mas não exclusivamente, no Oriente Médio. Em 1945, assim parecia naquele tempo, o socialismo era a onda do futuro. Na Europa oriental, a União Soviética havia triunfado nos campos de batalha. Na Europa ocidental, o Partido Trabalhista britânico vencera até mesmo o grande Winston Churchill nas eleições gerais de 1945. Várias formas de socialismo foram entusiasticamente abraçadas por governos e movimentos em todo o mundo árabe.

Mas, embora esses patrocinadores estrangeiros e essas filosofias importadas fornecessem ajuda material e expressão intelectual para sentimentos antiocidentais e antiamericanos, não foram as suas causas e, certamente, não explicam o disseminado antiocidentalismo que fez com que tantos, no Oriente Médio e em outras partes do mundo islâmico, fossem receptivos a tais idéias. Deve ficar absolutamente claro que o que garantiu apoio a doutrinas totalmente diversas não foi a teoria racial nazista, que pode ter tido pouco apelo para árabes, nem o comunismo soviético ateu, sem qualquer apelo para muçulmanos, mas, sim, seu antiocidentalismo básico. O nazismo e o comunismo eram as maiores forças de oposição ao Ocidente, tanto como um modo de vida quanto como um poder no mundo, e, assim, podiam contar com a simpatia ou mesmo a colaboração dos que viam no Ocidente seu inimigo principal.

Mas, por quê? Se passarmos do geral para o específico, não teremos dificuldade em encontrar políticas e ações individuais, realizadas e mantidas por governos ocidentais específicos, que tenham incitado o ódio apaixonado do Oriente Médio e de outros povos islâmicos, manifestado em suas várias lutas para ganhar independência de um governo ou dominação estrangeira; para libertar recursos, especialmente petróleo, da exploração estrangeira, ou derrubar governantes e regimes vistos como agentes ou imitadores do Ocidente. Ainda assim, com muita freqüência, quando essas políticas são abandonadas e os problemas, resolvidos, há, no máximo, apenas um alívio local e temporário. Os ingleses saíram do Egito, os franceses deixaram a Argélia, ambos deixaram suas outras possessões árabes, as monarquias foram derrubadas no Iraque e no Egito, o xá pró-ocidentalização saiu do Irã, as companhias ocidentais de petróleo perderam o controle dos poços que haviam descoberto e desenvolvido e se contentaram com os melhores arranjos que puderam fazer com os governos desses países – e, ainda assim, o ressentimento generalizado dos fundamentalistas e de outros extremistas contra o Ocidente permanece, cresce e não se aplaca.

Talvez o exemplo mais freqüentemente citado de interferência do Ocidente e de suas conseqüências seja a derrubada do governo Mosaddeq no Irã, em 1953. A crise começou quando o líder nacionalista popular Mosaddeq, contando com apoio geral no país, decidiu nacionalizar as companhias de petróleo e, em particular, a mais importante delas, a Companhia Anglo-Iraniana. Não há dúvida de que as condições em que operavam essa e outras concessionárias de petróleo eram vistas, corretamente, como desiguais e desfavoráveis. Por exemplo, a companhia de petróleo Anglo-Iraniana pagava mais impostos ao governo britânico do que *royalties* ao governo do Irã. Os Estados Unidos envolveram-se, primeiro, como um aliado da Inglaterra e depois, cada vez mais, por receio de que os soviéticos se colocassem do lado do governo de Mosaddeq. Os governos norte-americano e britânico, portanto, decidiram, alegadamente em acordo com o xá, livrar-se de Mosaddeq através de um golpe de Estado. No início, o plano não pareceu ir muito bem. Mosaddeq simplesmente prendeu o mensageiro do xá e ordenou a prisão do líder do golpe, general Zahedi, que pretendia ser o chefe do novo governo. Por algum tempo, os que apoiavam Mosaddeq e os membros do Partido Comunista Tudeh promoveram demonstrações de massa nas ruas, denunciando o xá e seu pai e gritando "Yankees go home". O xá fugiu com sua esposa para o Iraque, onde manteve encontros secretos com o embaixador norte-americano, e depois foi para Roma.

Enquanto isso, as manifestações em Teerã mudaram de caráter. Antes, haviam sido todas contra o xá; agora, começavam a ser a seu favor, e os militares apareceram nas ruas apoiando-o. Após uma série de protestos, Mosaddeq foi derrubado e Zahedi o substituiu como primeiro-ministro. Em 19 de agosto de 1953, as notícias chegaram ao xá através de um telegrama da Associated Press: "Teerã: Mosaddeq derrubado. Tropas imperiais controlam Teerã. Zahedi primeiro-ministro." Logo em seguida, o xá retornou a Teerã e reassumiu seu trono.

Os desdobramentos, de acordo com os padrões da região, foram notavelmente amenos. O ministro das Relações Exteriores do governo de Mosaddeq foi executado e muitos dos que o apoiavam mandados para a prisão. O próprio Mosaddeq foi julgado e condenado a três anos de prisão domiciliar. Após ser libertado em agosto de 1956, viveu sob vigilância em sua propriedade até 1967. Dada a ativa intervenção da CIA norte-americana e do MI6 britânico na derrubada do regime e no retorno do xá, este foi visto por grupos significativos de seus súditos como um fantoche britânico e, depois, norte-americano.

Se assim foi, os que puxavam os cordões não eram confiáveis nem eficientes. Quando veio a Revolução Iraniana, em 1979, nem ingleses nem norte-americanos fizeram qualquer coisa para impedir que o xá fosse derrubado. A administração norte-americana da época não apenas deixou de dar qualquer ajuda, como também deixou claro que não tinha a intenção de fazê-lo. Mais dramático ainda, durante algum tempo recusou asilo ao xá e à sua família nos Estados Unidos. O xá fugiu de Teerã em meados de janeiro de 1979 e voou, via Egito, para o Marrocos, onde esteve brevemente como hóspede do rei. Mas este tinha outras preocupações, especialmente um encontro da Organização da Conferência Islâmica que iria sediar em Rabat no início de abril. Assim, o rei Hassan pediu ao xá que deixasse o país no máximo até 30 de março. O xá informou ao embaixador norte-americano que gostaria de aceitar a oferta de asilo feita pelo presidente Carter, apenas para descobrir que essa havia sido retirada, aparentemente na crença de que estabelecer boas relações com os novos governantes do Irã deveria ter precedência sobre garantir asilo ao xá e à sua família. Os Estados Unidos cederam apenas quando o xá estava morrendo e em extrema necessidade de cuidados médicos. Em 22 de outubro de 1979 o xá foi informado de que poderia ir para os Estados Unidos; chegou a Nova York no início da manhã seguinte e foi diretamente para o hospital. Ao se dar conta de que sua presença estava causando problemas aos Estados Unidos, deixou o país, a despeito de sua grave doença, e foi para o Panamá, de onde quase foi extraditado para o Irã, e de lá retornou ao Egito, onde morreu em 1980.

Diferentes grupos na região tiraram duas lições desses acontecimentos: uma, que os norte-americanos estavam dispostos a usar tanto força quanto intriga para instalar ou restaurar seus governantes fantoches nos países do Oriente Médio; a outra, que os norte-americanos não eram patronos confiáveis quando seus fantoches eram atacados de forma siginificativa por seu próprio povo, e simplesmente os abandonavam. A primeira lição provocou ódio, a outra, desprezo – uma combinação perigosa.

Claramente, existe aí algo mais profundo que reclamações e ressentimentos específicos, por mais numerosos e importantes que possam ser; algo mais profundo que transforma toda discordância em problema e torna todos os problemas insolúveis. O que estamos confrontando agora não é apenas uma reclamação a respeito dessa ou daquela política norte-americana, mas sim uma rejeição e uma condenação, ira e desprezo ao mesmo tempo, dirigidas a tudo o que os Estados Unidos parecem representar no mundo moderno.

Uma figura-chave na evolução dessas novas atitudes foi Sayyid Qutb, um egípcio que se tornou um dos principais ideólogos do fundamentalismo muçulmano e um membro ativo da organização fundamentalista conhecida como Irmãos Muçulmanos. Nascido em 1906 em uma vila do Egito Superior, estudou no Cairo e, por alguns anos, trabalhou como professor e depois como funcionário do ministério da Educação. Foi enviado nessa posição para uma missão especial de estudos nos Estados Unidos, onde ficou de novembro de 1948 a agosto de 1950. Seu ativismo fundamentalista e seus escritos começaram logo que retornou ao Egito. Após o golpe militar de julho de 1952, manteve, de início, relações estreitas com os chamados Oficiais Livres, mas afastou-se deles quando seus ensinamentos islâmicos entraram em choque com as políticas secularistas daqueles. Após diversos embates com as autoridades, foi condenado, em 1955, a 15 anos de prisão. Como resultado da intercessão a seu favor do presidente Arif do Iraque, foi libertado em 1964 e, no final do mesmo ano, publicou um de seus livros mais importantes, *Ma'alim fi'l-Tariq* [Marcos no caminho]. Foi preso novamente em 9 de agosto de 1965, dessa vez acusado de traição e, especificamente, de planejar o assassinato do presidente Nasser. Após um julgamento sumário, foi condenado à morte em 21 de agosto de 1966. A sentença foi cumprida oito dias depois.

A estadia de Sayyid Qutb nos Estados Unidos parece ter sido um período crucial para o desenvolvimento de suas idéias a respeito das relações entre o islã e o mundo exterior e, mais particularmente, entre os próprios países muçulmanos. O Estado de Israel havia acabado de ser estabelecido, lutando e vencendo a primeira de uma série de guerras árabe-israelenses para garantir sua sobrevivência. Naquela época, a humanidade estava tomando ciência da quase total destruição dos judeus na Europa nazista, e a opinião pública norte-americana, assim como a da maior parte do mundo, estava maciçamente do lado israelense. As relações, durante a guerra, entre o Terceiro Reich e proeminentes líderes árabes como o mufti de Jerusalém e Rashid 'Ali, do Iraque, também estavam nos noticiários, e a simpatia popular foi, naturalmente, para aqueles vistos como vítimas de Hitler, que haviam lutado para escapar da destruição nas mãos dos cúmplices do nazismo. Sayyid Qutb ficou chocado com o nível de apoio na América ao que via como uma agressão selvagem dos judeus contra o islã, com a cumplicidade cristã.

Mais reveladora ainda foi sua resposta escandalizada ao modo de vida norte-americano – principalmente em seus aspectos pecaminosos e degenerados e em seus hábitos –, ao que viu como promiscuidade sexual. Sayyid Qutb tomou como dado o contraste entre a espiritualidade oriental e o materialismo ocidental, e descreveu os Estados Unidos como uma forma particularmente extremada do último. Tudo na América, escreveu, mesmo a religião, é medido em termos materiais. Observou que lá havia muitas igrejas, mas alertou seus leitores de que não deviam ser vistas equivocadamente como uma manifestação de religiosidade ou espiritualidade. As igrejas na América, disse ele, operam como negócios, competindo por clientes e publicidade e usando os mesmos métodos das lojas e teatros para atrair fregueses e platéias. Para o clérigo de uma igreja, assim como para o gerente de uma loja ou de um teatro, o que conta é o sucesso, e sucesso é medido por tamanho e números. Para atrair clientelas, as igrejas se anunciam sem o menor constrangimento, e oferecem o que os norte-americanos mais buscam – "good time" ou "fun" (ele usou as palavras em inglês no seu texto árabe). O resultado é que os salões de festa das igrejas, com as bênçãos do clero, promovem bailes onde pessoas de ambos os sexos se encontram, se misturam e se tocam. Os clérigos chegam ao ponto de reduzir a iluminação a fim de facilitar o frenesi da dança. "A dança se intensifica com as notas do gramofone", notou, com evidente desprazer; "o salão transforma-se em um redemoinho de saltos e coxas, braços em volta de quadris, lábios e seios se encontrando, e o ar fica cheio de luxúria". Também cita os Relatórios Kinsey sobre comportamento sexual para documentar sua descrição e condenar a universal libertinagem norte-americana.* Esse ponto de vista do Ocidente e de seus costumes pode ajudar a explicar por que terroristas devotos vêem como alvos legítimos de seus ataques os salões de dança, boates e outros locais

* Sayyid Qutb, *Al-Islam wa-mushkilat al-hadara* (n.p., 1967), p.80ss. Ver também John Calvert, "'The World is an Undutiful Boy!' Sayyid Qutb's American Experiences", in *Islam and Christian-Muslim Relations,* 2 (março 2000), p.87-103. Ele dedicou um livro à parte, publicado após sua morte na Arábia Saudita, a "nossa batalha com os judeus": *Ma'rakatuna ma'a al-Yahud* (Djedda, 1970). Além do específico conflito árabe com os judeus, fala do pernicioso papel judeu na guerra contra o islã e, em termos mais gerais, contra valores religiosos: "Por trás da concepção ateísta, materialista, está um judeu [Marx]; por trás da concepção sexual bestial, um judeu [Freud]; por trás da destruição da família e da perturbação dos laços sagrados da sociedade, um judeu [Durkheim]." Na realidade, os três são mencionados não por Sayyid Qutb, mas por seu editor, que, para completar, acrescenta um quarto em uma nota de rodapé: Jean-Paul Sartre, tornado judeu para esse propósito, como o inspirador da literatura de desintegração e ruína. Parece provável que a inspiração de Sayyid Qutb para essa e outras passagens antijudeus (distintas de anti-Israel e anti-sionista) era européia ou americana.

onde homens e mulheres jovens se encontram. As censuras ao modo de vida norte-americano feitas por Sayyid Qutb eram tão veementes que, em 1952, foi obrigado a deixar seu cargo no ministério da Educação. Depois disso, aparentemente, juntou-se aos Irmãos Muçulmanos.

O cerne dos ataques contidos nos escritos e nas pregações de Sayyid Qutb estava dirigido contra o inimigo interno – o que chamava de a nova era da ignorância, *jahiliyya* em árabe, um termo islâmico clássico aplicado ao período de paganismo que prevaleceu na Arábia antes do advento do Profeta e do islã. Na opinião de Sayyid Qutb, uma nova *jahiliyya* havia envolvido os povos muçulmanos e os novos Faraós – corretamente vistos como uma alusão aos regimes existentes – que os estavam governando. Mas a ameaça do inimigo externo era grande e crescente.

Tem sido sugerido que o antiamericanismo de Sayyid Qutb é simplesmente o resultado do fato de ele ter visitado os Estados Unidos, e que teria reagido da mesma forma se seu ministro o tivesse enviado para qualquer país europeu. Mas, naquela época, a América era o que importava, e, para o bem ou para o mal, a liderança que exercia sobre o mundo não-islâmico era crescentemente reconhecida e discutida. O pecado e a degeneração entre os norte-americanos, e a conseqüente ameaça que representavam para o islã e os povos muçulmanos, tornaram-se artigos de fé nos círculos fundamentalistas.

Atualmente, há uma ladainha quase padronizada de insultos norte-americanos recitada nas terras do islã, na mídia, em panfletos, em sermões e em pronunciamentos públicos. Um exemplo notável foi o discurso de um professor egípcio na reunião conjunta da União Européia e da Organização da Conferência Islâmica realizada em Istambul em fevereiro de 2002. A lista de crimes remonta à colonização da América do Norte e ao que é descrito como expropriação e extermínio dos habitantes originais e contínuos maus-tratos sofridos pelos sobreviventes. Segue com a escravização, a importação e a exploração de negros (uma acusação curiosa, vinda de onde veio) e de imigrantes nos Estados Unidos. Inclui crimes de guerra contra o Japão em Hiroshima e Nagasaki, bem como na Coréia, Somália, no Vietnã e em outros lugares. Entre esses crimes de agressão imperialista são notáveis as ações norte-americanas no Líbano, em Cartum, na Líbia, no Iraque e, por certo, a ajuda a Israel contra os palestinos. Em termos mais amplos, a folha de acusação inclui o apoio a tiranos do Oriente Médio e outros, tais como o xá do Irã e Hailé Selassié, da Etiópia, bem como uma lista variada, adaptada às circunstâncias, de tiranos árabes inimigos de seus próprios povos.

No entanto, a acusação mais enérgica de todas é a degeneração e a libertinagem do modo de vida norte-americano, e a ameaça que representam para o islã. Essa ameaça, formulada de modo clássico por Sayyid Qutb, tornou-se parte usual do vocabulário e da ideologia dos fundamentalistas islâmicos e, mais notavelmente, da linguagem da Revolução Iraniana. Isso é o que significa o termo o Grande Satã, aplicado aos Estados Unidos pelo falecido aiatolá Khomeini. Satã, tal como descrito no Alcorão, não é um imperialista nem um explorador. Ele é um sedutor, "o tentador insidioso que sussurra nos corações dos homens" (Alcorão CXIV, 4, 5).

5 Satã e os Soviéticos

O novo papel dos Estados Unidos – e a maneira como esse era percebido pelo Oriente Médio – foi ilustrado vividamente por um incidente no Paquistão em 1979. No dia 20 de novembro, um bando de mil religiosos radicais muçulmanos tomou a Grande Mesquita de Meca e a ocupou durante algum tempo, resistindo às forças de segurança sauditas. Seu objetivo declarado era "purificar o islã" e libertar a terra santa da Arábia da "*clique* real de infiéis" e dos líderes religiosos corruptos que os apoiavam. O líder, em discursos através de alto-falantes, denunciou os ocidentais como destruidores dos valores islâmicos fundamentais e o governo saudita como seu cúmplice, e conclamou a um retorno às velhas tradições islâmicas de "justiça e igualdade". Após algumas lutas intensas, os rebeldes foram eliminados. Seu líder foi executado em 9 de janeiro de 1980, junto com 62 de seus seguidores, entre os quais egípcios, kuwaitianos, iemenitas e cidadãos de outros países árabes.

Enquanto isso, uma demonstração de apoio aos rebeldes ocorreu na capital do Paquistão, Islamabad. Havia circulado o rumor – admitido pelo aiatolá Khomeini, então no processo de se estabelecer como o líder revolucionário no Irã – de que tropas norte-americanas estariam envolvidas nos conflitos em Meca. A embaixada norte-americana foi atacada por uma multidão de manifestantes muçulmanos e, na ocasião, dois norte-americanos e dois empregados paquistaneses foram mortos. Por que teria Khomeini acreditado e agido com base em uma notícia que não apenas era falsa, mas quase totalmente improvável?

Esses acontecimentos ocorreram no contexto da Revolução Iraniana de 1979. No dia 4 de novembro, a embaixada dos Estados Unidos em Teerã foi tomada e 62 norte-americanos feitos reféns. Dez deles, mulheres e afro-americanos, foram libertados imediatamente; os demais foram mantidos por 444 dias, até serem soltos no dia 20 de janeiro de 1981. Os motivos para isso, que a muitos pareciam obscuros naquela época, tornaram-se cada vez mais claros desde então, graças a subseqüentes declarações e revelações de alguns que mantiveram os reféns e de outras fontes. É claro agora que a crise dos reféns ocorreu não porque as relações entre o Irã e os Estados Unidos tivessem deteriorado, mas porque estavam melhorando. No outono de 1979, o primeiro ministro iraniano relativamente moderado, Mehdi Bazargan, havia conseguido um encontro com o conselheiro norte-americano para assuntos de segurança nacional, Zbigniew Brzezinski, sob os auspícios do governo argelino. Os dois se encontraram no dia 1º de novembro e correu a notícia de que foram fotografados trocando um aperto de mãos. Parecia haver uma possibilidade real – um perigo real, aos olhos dos radicais – de que pudesse existir alguma reconciliação entre os dois países. Os manifestantes tomaram a embaixada e fizeram reféns os diplomatas norte-americanos a fim de destruir qualquer esperança de diálogo subseqüente. Nisso eles obtiveram, pelo menos temporariamente, sucesso total.

Para Khomeini, os Estados Unidos eram o principal inimigo contra o qual havia que deflagrar sua guerra santa pelo islã. Então, tal como no passado, esse mundo de infiéis era visto como a única força rival importante impedindo a realização do comando divino de promover a disseminação e o triunfo do islã. Nos escritos mais antigos de Khomeini, e em especial no seu livro de 1970, *O governo islâmico*, são poucas as menções aos Estados Unidos, e ocorrem principalmente no contexto do imperialismo – primeiro como auxiliares, depois como sucessores do mais familiar Império Britânico. Na época da revolução e da confrontação direta gerada por ela, os Estados Unidos haviam-se tornado, para Khomeini, o principal adversário e o alvo central do ódio e desprezo muçulmanos.

A hostilidade especial de Khomeini aos Estados Unidos parece datar de outubro de 1964, quando fez um pronunciamento em frente a sua residência em Qum denunciando apaixonadamente a lei encaminhada à Assembléia iraniana, que concedia status de extraterritorialidade à missão militar norte-americana, incluindo famílias, pessoal administrativo, assessores e empregados, e imunidade perante a jurisdição iraniana. Aparentemente, ele não sabia que imunidades semelhantes haviam sido solicitadas e concedidas, como era de se esperar, às forças norte-americanas estacionadas na Grã-Bretanha durante a Segunda Guerra Mundial. Mas a questão das chamadas capitulações – imunidades extraterritoriais concedidas no passado a comerciantes ocidentais e a outros viajantes em terras islâmicas – era um ponto sensível, e Khomeini teve grande habilidade ao jogar com ele. "Reduziram o povo iraniano a um nível mais baixo que o de um cachorro norte-americano. Se alguém atropelar um cachorro pertencente a um norte-americano, será julgado. Mesmo se o próprio xá atropelar o cachorro de um norte-americano, será julgado. Mas se um cozinheiro norte-americano atropelar o xá, o chefe do Estado, ninguém terá o direito de fazer nada contra ele."* Estando já com problemas com as autoridades, esse pronunciamento fez com que Khomeini fosse exilado do Irã em 4 de novembro. Ele voltou a esse tema em diversas outras falas e escritos, ridicularizando os nor-

---

* Esses e outros textos serão encontrados em *Islam and Revolution: Writings and Declarations of Imam Khomeini*, traduzido e anotado por Hamid Algar (Berkeley, 1981). Seu *Islamic Government* foi uma série de leituras realizadas no centro xiita de Najaf, Iraque, lugar do exílio de Khomeini, e publicado logo depois em árabe e persa. Para os que o leram, o curso subseqüente da Revolução Islâmica no Irã não terá sido nenhuma surpresa.

te-americanos em particular por seu suposto compromisso com os direitos humanos e pela maneira como ignoravam esses direitos no Irã e em outros lugares, incluindo a América Latina, "em seu próprio hemisfério". Outras acusações incluíam o saque das riquezas do Irã e o apoio à monarquia iraniana.

Em pronunciamentos após sua volta ao Irã, tanto a lista de queixas quanto a de inimigos ficaram maiores, mas os Estados Unidos vinham agora em primeiro lugar. E não apenas no Irã. Em um discurso feito em setembro de 1979 em Qum, reclamou que todo o mundo islâmico estava amarrado a muletas norte-americanas, conclamando os muçulmanos de todo o mundo a se unirem contra seu inimigo. Foi por essa época que começou a falar dos Estados Unidos como "o Grande Satã". Também datam desse tempo suas denúncias contra Anwar Sadat do Egito e Saddam Hussein do Iraque, apontando-os como servos e agentes da América. Sadat servira a América ao fazer as pazes com Israel; Saddam Hussein, ao declarar guerra contra o Irã. As confrontações com a América na crise dos reféns, na invasão do Iraque e em muitos campos de batalha diplomáticos e econômicos confirmaram a crítica de Khomeini, segundo a qual a América ocupava a posição central na luta entre o islã e o Ocidente. Dali em diante, a América passou a ser "o Grande Satã". Israel, visto como um agente norte-americano, era "o Pequeno Satã", e "morte à América" passou a ser a ordem do dia. Esse era o *slogan* brandido e gritado nas manifestações antiamericanas de 1979. Mais tarde, ganhou uma qualidade cerimonial, quase ritualizada, que o drenou da maior parte de seu significado real.

Observadores norte-americanos, despertados pela retórica da Revolução Iraniana para seu novo status de o Grande Satã, tentaram encontrar razões para o sentimento antiamericano que se vinha intensificando no mundo islâmico havia algum tempo. Uma explicação, temporariamente aceita por muitos, em especial nos círculos de política externa norte-americanos, era que a imagem da América havia sido manchada por sua aliança, tanto no tempo da guerra quanto depois, com os antigos poderes coloniais da Europa. Na defesa de seu país, alguns comentaristas norte-americanos mostraram que, diferentemente dos imperialistas da Europa ocidental, a América havia sido, ela mesma, uma vítima do colonialismo, pois os Estados Unidos foram o primeiro país a se libertar do domínio britânico. Mas a esperança de que os súditos dos antigos Impérios Britânico e Francês no Oriente Médio aceitassem a Revolução Americana como um modelo para sua própria luta antiimperialista apoiava-se numa falácia elementar, logo identificada por escritores árabes. A Revolução Americana, como freqüentemente destacam, foi uma luta de colonizadores britânicos, não de nativos norte-americanos nacionalistas, e, longe de ser uma vitória contra o colonialismo, representou o total triunfo desse; os ingleses na América do Norte tiveram um sucesso tão grande em colonizar a terra que já não precisavam do apoio da metrópole contra os habitantes originais.

Não poderia surpreender que antigos súditos coloniais no Oriente Médio vissem os Estados Unidos como contaminados pelo mesmo tipo de imperialismo da Europa ocidental. Mas o ressentimento do Oriente Médio contra os poderes imperiais nem sempre tem sido coerente. A União Soviética, que conservou e ampliou as conquistas imperiais dos czares da Rússia, governou, com mão nada leve, dezenas de milhões de súditos muçulmanos na Ásia Central e no Cáucaso. E, ainda assim, não foi tão fustigada pela raiva e pelo ódio da comunidade árabe.

O interesse da Rússia pelo Oriente Médio não era novo. Durante séculos, os czares haviam-se expandido para o sul e para o leste, incorporando vastos territórios muçulmanos a seu império às custas da Turquia, da Pérsia e dos antigos Estados muçulmanos independentes da Ásia Central. A derrota do Eixo em 1945 trouxe uma nova ameaça soviética. Os soviéticos estavam agora fortemente entrincheirados nos Bálcãs e podiam pôr a Turquia em perigo nas fronteiras oriental e ocidental. Já estavam dentro do Irã, ocupando a província persa do Azerbaijão. Sua ameaça ao Irã vinha de longa data. Nas guerras russo-iranianas de 1804-1813 e 1826-1828, os russos haviam adquirido a parte norte do Azerbaijão, que se tornou uma província do império czarista e, mais tarde, uma república da União Soviética. Na Segunda Guerra Mundial, junto com os ingleses, os soviéticos ocuparam o Irã a fim de garantir suas linhas de comunicação para uso mútuo. Quando a guerra terminou, os ingleses se retiraram; os soviéticos ficaram, aparentemente com a intenção de anexar à União Soviética o que restava do Azerbaijão.

Daquela vez eles foram contidos. Graças, em grande parte, ao apoio norte-americano, os turcos foram capazes de resistir à demanda soviética por bases nos Estreitos, enquanto os iranianos desmantelavam o Estado fantoche comunista que os ocupantes soviéticos haviam instalado no Azerbaijão persa e reasseguravam a soberania do governo do Irã sobre todos os seus territórios.

Por algum tempo, a tentativa soviética de materializar o antigo sonho dos czares encontrou resistência, e tanto a Turquia quanto o Irã fizeram alianças ocidentais. Mas o acordo russo-egípcio sobre armamentos, firmado em 1955, trouxe a Rússia de volta ao jogo do Oriente Médio, agora num papel de liderança. Os turcos e iranianos tinham longa experiência com o imperialismo russo e se mostravam, portanto, cautelosos. A experiência dos Estados árabes com o imperialismo era exclusivamente ocidental, e estavam dispostos a olhar para os soviéticos de modo mais favorável. Através de avanços sucessivos na fronteira norte e de negociações diretas com os recém-independentes Estados árabes, os russos conseguiram, em pouco tempo, estabelecer uma posição muito sólida.

No início, seguiram os mesmos passos de seus antecessores da Europa ocidental – bases militares, suprimento de armas, "ajuda" militar, penetração econômica e cultural. Mas, para o estilo de relações soviéticas, isso era apenas um começo, e a intenção era, claramente, levar as coisas muito mais adiante. Restam poucas dúvidas de que, se não fosse a oposição norte-americana, a Guerra Fria e o colapso final da União Soviética, o mundo árabe teria, na melhor das hipóteses, seguido a sorte da Polônia e da Hungria, mais provavelmente, do Usbequistão. E isso não é tudo. Enquanto buscavam estabelecer um protetorado sobre seus aliados no Oriente Médio, os soviéticos mostraram-se defensores muito pouco eficazes. Na guerra árabe-israelense de 1967 e, novamente, em 1973, não mostraram nenhuma inclinação nem capacidade para salvar seus protegidos da derrota e da humilhação. O melhor que puderam fazer foi se unirem aos Estados Unidos para pôr um fim ao avanço israelense.

No início da década de 1970, a presença soviética estava tornando-se não apenas ineficaz, mas também irritante. Como no caso de seus antecessores imperiais ocidentais, os soviéticos haviam estabelecido em solo egípcio bases militares nas quais os próprios cidadãos egípcios não podiam entrar, e logo passaram para o clássico estágio seguinte de celebrar tratados tendenciosos e desiguais.

Houve alguns líderes do Oriente Médio que aprenderam a lição e se voltaram, com maior ou menor relutância, para o Ocidente. Notável entre eles foi o presidente Anwar Sadat do Egito, que havia herdado a relação soviética de seu antecessor, o presidente Nasser. Em maio de 1971, Nasser foi induzido a assinar um muito desigual "Tratado de Amizade e Cooperação" com a União Soviética;* em julho de 1972, ordenou que seus assessores militares soviéticos deixassem o país e tomou as primeiras medidas para estabelecer relações cordiais com os Estados Unidos e a paz com Israel. No entanto, o presidente Sadat parece ter se mantido quase sozinho em seus julgamentos e em suas políticas e, de modo geral, isso parece não ter resultado em nenhuma diminuição da boa vontade com relação aos soviéticos e nenhum correspondente crescimento da boa vontade quanto aos Estados Unidos. Os soviéticos não sofreram nenhuma penalidade, nem ao menos reprovação, por sua repressão ao islã nas repúblicas

* Sobre esse tratado, ver Bernard Lewis, "Orientalist Notes on the Soviet-United Arab Republic Treaty of 27 May 1971", *Princeton Papers in Near Eastern Studies*, n.2 (1993), p.57-65.

da Ásia Central e transcauscasianas, onde foram autorizadas 200 mesquitas para atender às necessidades religiosas de 50 milhões de muçulmanos. Da mesma forma, os chineses não foram condenados por suas batalhas contra muçulmanos em Sinkiang, nem os norte-americanos receberam qualquer mérito por seus esforços para salvar muçulmanos na Bósnia, em Kosovo e na Albânia. Obviamente, havia outras considerações em jogo.

Talvez a mais dramática ilustração dessa disparidade tenha sido a invasão soviética do Afeganistão no final de dezembro de 1979, com a criação de um governo fantoche naquele país. Seria difícil encontrar um caso mais claro e mais óbvio de agressão, conquista e dominação imperialistas. E, ainda assim, a resposta dos árabes e, em termos mais gerais, do mundo islâmico, foi consideravelmente silenciosa. Em 14 de janeiro de 1980, após longas protelações, a Assembléia Geral das Nações Unidas foi finalmente capaz de aprovar uma resolução sobre esse episódio, não como sugerido, condenando a agressão soviética, mas "lamentando veementemente a recente intervenção armada no Afeganistão". A palavra *agressão* não foi usada, e não se mencionou o "interventor". A votação teve 104 votos contra 18. Entre os países árabes, a Síria e a Argélia abstiveram-se; o Iêmen do Sul votou contra a resolução; a Líbia não estava presente. O observador – sem direito a voto – da OLP fez um discurso em que defendia com vigor a ação soviética. A Organização da Conferência Islâmica não se saiu muito melhor. Em 27 de janeiro, após muitas manobras e negociações, a OCI conseguiu organizar um encontro em Islamabad e discutir a questão soviético-afegã. Dois Estados membros, Iêmen do Sul e Síria, boicotaram a reunião; a delegação da Líbia fez um violento ataque aos Estados Unidos, enquanto o representante da OLP, membro pleno da OCI, absteve-se de votar sobre a resolução anti-soviética e apresentou suas reservas por escrito.

Houve alguma resposta no mundo muçulmano à invasão soviética – algum dinheiro saudita, algumas armas egípcias e muitos voluntários árabes. Mas ficou a cargo dos Estados Unidos organizar, com certo sucesso, um contra-ataque islâmico ao imperialismo soviético no Afeganistão. A OCI ajudou pouco os afegãos, preferindo concentrar sua atenção em outros assuntos – algumas pequenas populações muçulmanas em áreas ainda não-descolonizadas e, é claro, o conflito Israel-Palestina.

Israel é um dentre muitos pontos nos quais os mundos islâmico e não-islâmico se encontram: Nigéria, Sudão, Bósnia, Kosovo, Macedônia, Tchetchênia, Sinkiang, Caxemira, Timor, Mindanao etc. Cada um desses mundos constitui a questão central para os diretamente envolvidos, e uma digressão incômoda para os outros. Os ocidentais, ao contrário, tendem a dar a maior importância às queixas que esperam ver satisfeitas às custas de outros. O conflito Israel-Palestina certamente tem atraído muito mais atenção que qualquer um dos outros, por diversas razões. Primeira, dado que Israel é uma democracia e uma sociedade aberta, é muito mais fácil noticiar – e noticiar de forma errada – o que está acontecendo no país. Segunda, os judeus estão envolvidos, e, em geral, isso pode garantir uma audiência significativa entre aqueles que, por uma razão ou outra, são a favor deles ou contra. Um bom exemplo dessa diferença é a Guerra Irã-Iraque, que durou oito anos, de 1980 a 1988, e causou mortes e destruição muito maiores que todas as guerras árabe-israelenses juntas, mas recebeu bem menos atenção. É verdade que nem Iraque nem Irã são uma democracia, e a cobertura jornalística era, portanto, uma tarefa mais difícil e mais perigosa. Por outro lado, os judeus não estavam envolvidos, nem como vítimas nem como autores, e as notícias, portanto, eram menos interessantes.

Uma terceira e, em última instância, a mais importante razão para a primazia da questão palestina é que ela é, por assim dizer, uma queixa autorizada – a única que pode ser expressada com liberdade e segurança naqueles países muçulmanos onde a mídia está totalmente nas mãos do governo ou é estritamente supervisionada por ele. Na verdade, Israel serve como um útil bode expiatório para reclamações sobre as privações econômicas e a repressão política sob as quais vive a maior parte dos povos muçulmanos, e como uma maneira de desviar o ódio resultante. Esse método é amplamente favorecido pelo cenário interno israelense, onde qualquer impropriedade da parte do governo, do exército, dos colonos ou de quem quer que seja é imediatamente revelada e qualquer falsidade imediatamente denunciada por críticos israelenses, tanto judeus quanto árabes, na mídia e no Parlamento israelenses. A maior parte dos oponentes de Israel não sofre nenhum desses impedimentos em sua diplomacia pública.

À medida que os impérios da Europa ocidental declinavam, o antiamericanismo do Oriente Médio foi sendo atribuído a outras causas mais específicas: exploração econômica, freqüentemente descrita como pilhagem dos recursos das terras islâmicas; o apoio a tiranos locais corruptos que serviam aos propósitos norte-americanos, oprimindo e roubando seu próprio povo, e, cada vez mais, uma outra causa – o apoio dos Estados Unidos a Israel, primeiro em seu conflito com os árabes palestinos, depois em seu conflito com os Estados árabes vizinhos e o mundo islâmico. Existe, certamente, sustentação para essa hipótese nas declarações árabes e persas, mas o argumento de que, sem um ou outro desses impedimentos, tudo teria ido bem para as políticas norte-americanas no Oriente Médio parece um tanto implausível. O problema palestino tem causado, sem dúvida, grande e crescente ódio, renovado e agravado, de tempos em tempos, por políticas e ações dos governos ou partidos israelenses. Mas será que pode ser, como argumentam alguns, a causa primeira do sentimento antiocidental?

Algumas incongruências aparecem recorrentemente nos registros históricos. Na década de 1930, as políticas da Alemanha nazista foram a principal causa da migração judia para a Palestina, que estava então sob mandato britânico, e do reforço da comunidade judia na nova terra. Os nazistas não apenas permitiam essa migração; eles a facilitaram até o início da guerra, enquanto os ingleses, na esperança um tanto desolada de ganhar a benevolência árabe, impuseram restrições e as fizeram cumprir. Ainda assim, a liderança palestina da época, e muitos outros líderes árabes, apoiaram os alemães, que mandaram os judeus para a Palestina, em vez de apoiar os ingleses, que tentaram mantê-los longe.

O mesmo tipo de discrepância pode ser visto nos acontecimentos que levaram ao estabelecimento do Estado de Israel, em 1948, entre outros que se seguiram. A União Soviética desempenhou papel significativo na obtenção da maioria pela qual a Assembléia Geral das Nações Unidas votou o estabelecimento de um Estado judeu na Palestina e deu a Israel imediato reconhecimento *de jure*. Os Estados Unidos estavam mais hesitantes, e deram apenas reconhecimento *de facto*. Mais importante, o governo norte-americano manteve um embargo parcial de armas contra Israel, enquanto a Tchecoslováquia, com autorização de Moscou, enviou imediatamente um suprimento de armas que permitiram a sobrevivência do novo Estado. Na época, a razão dessa política soviética não foi nem boa vontade com relação aos judeus nem má-vontade contra os árabes. Estava baseada na crença equivocada – mas amplamente aceita então – de que a Inglaterra ainda era a maior potência do Ocidente e, portanto, o principal rival de Moscou. Com base nisso, qualquer um que criasse problemas para os ingleses – tal como haviam feito os judeus nos últimos anos do mandato britânico – mereceria o apoio soviético. Mais tarde, Stálin percebeu seu erro e voltou a atenção para os Estados Unidos, em vez de para a Inglaterra.

Na década que se seguiu à fundação de Israel, os norte-americanos que tratavam com o Estado judeu continuaram a ser limitados e cautelosos. Após a Guerra de Suez, em 1956, os Estados Unidos intervieram, de maneira vigorosa e decisiva, para garantir a retirada das forças israelenses, britânicas e francesas. O líder soviético Khrushchev, que permanecera cautelosamente silencioso nas primeiras etapas da guerra, percebeu que um pronunciamento pró-árabe não trouxera nenhum perigo de colisão com os Estados Unidos, e então – apenas então – se posicionou fortemente do lado árabe. Até bem mais tarde, na guerra de 1967, Israel ainda contava com armamentos da Europa, principalmente de fornecedores franceses, e não dos norte-americanos.

Apesar disso, o retorno do imperialismo russo, agora na forma de União Soviética, a um papel mais ativo nos interesses do Oriente Médio trouxe uma resposta entusiástica do mundo árabe. Após algumas visitas diplomáticas e outras atividades, a nova ligação veio a público, com o anúncio oficial, no final de setembro de 1955, da assinatura de um tratado de armamentos entre a União Soviética e o Egito, que, durante os anos seguintes, tornou-se cada vez mais um satélite soviético. Ainda mais expressivo que o próprio negócio das armas foi o modo como foi bem recebido no mundo árabe, transcendendo diferenças e reclamações locais. As Câmaras de Deputados na Síria, Líbano e Jordânia reuniram-se imediatamente e votaram resoluções de congratulação ao então primeiro-ministro Nasser; até Nuri Said, o governante pró-ocidente do Iraque e rival de Nasser na disputa pela liderança pan-arábica, sentiu-se obrigado a enviar congratulações a seu colega egípcio. Quase toda a imprensa árabe deu um apoio entusiástico.

Por que essa reação? Certamente, os árabes não tinham uma estima especial pela Rússia, nem os muçulmanos do mundo árabe e de outras partes desejavam trazer a ideologia comunista ou o poder soviético para seus países. Nem foi, tampouco, uma recompensa à política israelense de Moscou, que havia sido bastante amistosa. O que encantou os árabes foi que viram – corretamente, sem dúvida – o tratado de armamentos como um tapa na cara do Ocidente. O tapa e a resposta visivelmente embaraçada do Ocidente e, em particular, dos Estados Unidos, reforçaram o clima de ódio e malevolência contra o Ocidente e encorajaram seus proponentes.

A expansão da influência soviética no Oriente Médio e a resposta entusiástica a ela estimularam os Estados Unidos a olhar mais favoravelmente para Israel, visto agora como um aliado confiável e potencialmente útil em uma região em grande parte hostil. Hoje, esquece-se, com freqüência, que a relação estratégica entre os Estados

Unidos e Israel foi uma conseqüência da penetração soviética, e não sua causa.

A primeira preocupação de qualquer governo norte-americano é, por certo, definir os interesses do país e conceber políticas para a proteção e o avanço desses interesses. No período logo após a Segunda Guerra Mundial, a política norte-americana no Oriente Médio, bem como em outras partes, foi regida pela necessidade de impedir a penetração soviética. Lamentavelmente, os Estados Unidos abriram mão da superioridade moral que detinham, como observadores externos, e envolveram-se por estágios; primeiro, apoiando a cada vez mais frágil posição britânica e, então, quando essa se tornou claramente insustentável, intervindo mais diretamente e, por fim, substituindo a Inglaterra como defensor do Oriente Médio contra ataques de fora, em especial da União Soviética.

A necessidade imediata do pós-guerra era resistir a pressões soviéticas nas fronteiras do norte, garantindo a retirada soviética do Azerbaijão iraniano e opondo-se a demandas sobre a Turquia. Essa política era clara e inteligível e, no conjunto, teve sucesso em salvar a Turquia e o Irã. Mas a tentativa de estendê-la para o mundo árabe através do Pacto de Bagdá produziu resultados opostos e desastrosos, e contrapôs ou enfraqueceu aqueles que pretendia atrair. O presidente egípcio, Gamal 'Abd al-Nasser, vendo o pacto como uma ameaça a sua liderança, voltou-se para os soviéticos; o regime pró-Ocidente no Iraque foi derrubado, e regimes amigos na Jordânia e no Líbano ficaram em tamanho perigo que necessitaram de ajuda militar do Ocidente para sobreviver. A partir de 1955, quando os soviéticos, através da fronteira norte, foram pouco a pouco penetrando no mundo árabe, tanto a ameaça quanto os meios de contrapor-se a ela mudaram radicalmente. Enquanto a fronteira norte manteve-se firme, as terras árabes tornaram-se hostis ou, no máximo, nervosamente neutras. Nessas circunstâncias, a relação norte-americana com Israel entrou em uma nova fase.

Durante muito tempo, esse relacionamento foi moldado por duas considerações inteiramente diferentes: uma delas pode ser chamada ideológica ou sentimental; a outra, estratégica. Os norte-americanos, escolados na Bíblia e em sua própria história, podem prontamente ver o nascimento do moderno Estado de Israel como um novo Êxodo e um retorno à Terra Prometida, e acham fácil desenvolver uma empatia por pessoas que parecem estar repetindo a experiência dos peregrinos fundadores, dos pioneiros e dos que os sucederam. Os árabes, por certo, não vêem dessa maneira, e muitos europeus também não.

O outro vínculo entre os Estados Unidos e Israel é a relação estratégica, que começou na década de 1960, floresceu nas décadas de 1970 e 1980, flutuou nos anos 90 e ganhou nova importância quando os Estados Unidos enfrentaram as atuais ameaças das ambições hegemônicas de Saddam Hussein, do terror fundamentalista da Al-Qaeda e de profundos e crescentes descontentamentos entre os aliados árabes da América. Tem sido muito discutido o valor de Israel para os Estados Unidos como um trunfo estratégico. Alguns nos Estados Unidos vêem Israel como um importante aliado estratégico na região e um bastião seguro contra inimigos externos e regionais. Outros têm argumentado que Israel, longe de ser um trunfo, tem sido um risco estratégico, por minar as relações norte-americanas com o mundo árabe e causar o fracasso das políticas norte-americanas na região.

Mas, quando se comparam os resultados da política norte-americana no Oriente Médio com o alcançado em outras regiões, fica-se perplexo não com seu fracasso, mas com seu sucesso. Afinal, não há nenhum Vietnã no Oriente Médio, nenhuma Cuba, Nicarágua ou El Salvador, nem mesmo uma Angola. Ao contrário, através de crises sucessivas que têm abalado a região, tem havido sempre uma imponente presença política, econômica e cultural norte-americana, usualmente em diversos países – e isso, até a Guerra do Golfo de 1991, sem necessidade de qualquer intervenção militar significativa. E, mesmo então, sua presença foi necessária para livrar as vítimas de uma agressão entre os próprios países árabes, não relacionada com israelenses nem com palestinos. Aqueles que olham apenas para o Oriente Médio estão regularmente conscientes das dificuldades e fracassos das políticas naquela região, mas, quando se analisa essa conjuntura de uma perspectiva mais ampla, não se pode deixar de ficar pasmo com a eficácia da política norte-americana no Oriente Médio, quando comparada com, digamos, o sudeste da Ásia, a América Central ou o sul da África.

Desde o colapso da União Soviética, uma nova política norte-americana surgiu no Oriente Médio, relacionada com diferentes objetivos. Seu principal propósito é impedir a emergência de uma hegemonia regional – ou de uma única autoridade regional que possa dominar a área e estabelecer o controle monopolístico do petróleo do Oriente Médio. Essa tem sido a preocupação básica subjacente a sucessivas políticas norte-americanas para o Irã, Iraque ou para qualquer outra situação percebida como uma futura ameaça dentro da região.

A política adotada até agora para impedir tal hegemonia é incentivar, armar e, quando necessário, apoiar um pacto de segurança regional e, portanto, basicamente árabe. Essa política inevitavelmente evoca a infeliz memória de tentativas anteriores que trouxeram mais danos que benefícios. Dessa vez, o pacto proposto pode ter chances um pouco melhores. O suposto inimigo já não é mais a formidável União Soviética, e governantes regionais estão ganhando uma perspectiva mais sóbria do mundo e de seu lugar nele. Mas tal pacto, baseado em regimes instáveis governando sociedades voláteis, é inerentemente precário, e a corrente não é mais forte que seu elo mais fraco. A história recente do Iraque ilustra as diferentes maneiras como uma política desse tipo pode dar errado. Ao abraçar a monarquia, promovemos sua derrubada; ao promover Saddam Hussein, alimentamos um monstro. Seria fatalmente fácil repetir um desses erros, ou ambos, com considerável risco para os interesses ocidentais na região e terríveis conseqüências para as pessoas que aí vivem.

Nesse contexto, tornam-se compreensíveis a disposição de alguns governos árabes de negociar a paz com Israel e a preocupação norte-americana de levar adiante o processo de pacificação. Muitos árabes começaram a compreender que, levando em conta a melhor estimativa da força israelense, e a pior estimativa das intenções de Israel, tal Estado não é o seu problema mais sério, nem a maior ameaça que os confronta. Um Israel em guerra com seus vizinhos seria um perigo constante, uma distração que sempre poderia ser usada por um novo Saddam Hussein – ou até pelo mesmo. Mas um Israel em paz com seus vizinhos poderia proporcionar, no mínimo dos mínimos, um elemento de estabilidade democrática na região.

Existem, em geral, dois tipos bastante diferentes de aliança. Uma é estratégica, e pode ser um acordo puramente temporário baseado em ameaças entendidas como comuns. Tal conciliação pode ser alcançada com qualquer tipo de governante – o tipo de governo e o tipo de sociedade governada são igualmente irrelevantes. O outro parceiro dessa aliança pode mudar de idéia a qualquer momento ou pode ter sua idéia mudada por outros se for derrubado e substituído. A aliança pode, então, ser quebrada por uma mudança de regime, de líder, ou mesmo uma mudança de perspectiva. O que pode acontecer é bem ilustrado por acontecimentos na Líbia, Iraque, Irã e Sudão, onde mudanças na área política ocasionaram total inversão nas políticas; ou, em outro sentido, pelo caso do Egito, onde, mesmo sem uma mudança de regime, os governantes foram capazes de passar do Ocidente para os soviéticos, e de volta para um alinhamento ocidental.

A mesma flexibilidade existe do lado norte-americano. Assim como tais aliados podem, a qualquer momento, abandonar os Estados Unidos, esses obviamente sentem-se livres para abandonar tais aliados se a aliança torna-se muito complicada ou deixa de ser interessante em termos de custo-efetividade – como, por exemplo, no Vietnã do Sul, no Curdistão e no Líbano. Ao abandonar um aliado com o qual não há mais que uma acomodação estratégica, pode-se ir adiante sem remorsos e sem o risco de encontrar críticas importantes em seu próprio país.

O outro tipo de aliança está baseado em uma autêntica afinidade de instituições, aspirações e modos de vida – e muito menos sujeito a mudanças. Em seus dias de glória, os soviéticos tinham plena consciência disso, e tentaram criar ditaduras comunistas onde quer que fossem. Democracias são mais difíceis de criar. E também mais difíceis de destruir.

6 Dois Pesos, Duas Medidas

Cada vez mais, nas últimas décadas, os povos do Oriente Médio vêm articulando uma queixa mais evidente, uma nova reclamação contra a política dos Estados Unidos: não apenas a cumplicidade norte-americana com o imperialismo ou sionismo, mas algo que toca mais de perto e mais imediatamente – a cumplicidade norte-americana com os tiranos corruptos que os dirigem. Por razões óbvias, essa queixa específica não aparece com freqüência nos discursos públicos e nem é provável que seja mencionada em conversas entre diplomatas e funcionários de Relações Exteriores. Governos do Oriente Médio tais como os do Iraque, da Síria e a Autoridade Palestina desenvolveram grande habilidade em controlar suas próprias mídias e manipular as dos países do Ocidente. Pelas mesmas razões óbvias, essa questão também não é suscitada em negociações diplomáticas. Mas é discutida, com cada vez mais angústia e urgência, em conversas particulares com ouvintes nos quais se possa confiar, e, recentemente, até em público – e não apenas por radicais islâmicos, para os quais é uma das principais questões (na verdade, a principal). É interessante notar que a Revolução Iraniana de 1979 foi uma época em que esse ressentimento foi abertamente expressado. O xá foi acusado de apoiar os Estados Unidos, mas estes também foram criticados por impor como marionete o que os revolucionários viram como um líder ímpio e tirânico. Nos anos que se seguiram, os iranianos descobriram que tiranos devotos podem ser tão ruins quanto tiranos ímpios, ou até piores, e que a culpa pela existência desse tipo de tirania não podia ser atribuída a patronos ou modelos estrangeiros.

Há alguma justiça em uma acusação feita freqüentemente aos Estados Unidos e, em termos mais gerais, ao Ocidente: os povos do Oriente Médio reclamam cada vez mais que o Ocidente os julga com base em padrões diferentes e inferiores aos usados para julgar europeus e norte-americanos, tanto no que se espera deles quanto no que eles podem esperar em relação a seu bem-estar econômico e sua liberdade política. Afirmam que porta-vozes ocidentais repetidamente relevam ou mesmo defendem ações e apóiam governantes que eles próprios não tolerariam em seus países.

Hoje em dia, no mundo ocidental, são relativamente poucos os que vêem a si mesmos como engajados em uma confrontação com o islã. Mas, apesar disso, existe um entendimento disseminado de que há diferenças significativas entre o mundo ocidental avançado e o resto, sobretudo os povos do islã, e que esses últimos são, de algumas maneiras, diferentes, com a usualmente tácita presunção de que são inferiores. As mais flagrantes violações de direitos civis, liberdade política, até mesmo decência humana são ignoradas ou apagadas, e crimes contra a humanidade, que em um país europeu ou nos Estados Unidos invocariam uma onda de indignação, são vistos como normais e mesmo aceitáveis. Regimes que praticam tais violações são não apenas tolerados, mas até mesmo eleitos para a Comissão de Direitos Humanos das Nações Unidas, cujos membros incluem a Arábia Saudita, Síria, Sudão e Líbia.

Subjacente a tudo isso está a idéia de que esses povos são incapazes de operar uma sociedade democrática, não se preocupam com a decência humana e nem são capazes de cultivá-la. Qualquer que seja o caso, eles serão governados por despotismos corruptos. Não é tarefa do Ocidente corrigi-los, e menos ainda mudá-los, mas meramente garantir que os déspotas sejam amigáveis, em vez de hostis aos interesses ocidentais. Dessa perspectiva, é perigoso mexer com a ordem existente, e aqueles que buscam vida melhor para si mesmos e seus concidadãos são depreciados e, com freqüência, energicamente desencorajados. É mais simples, mais barato e seguro substituir um tirano impertinente por um disposto a cooperar, em vez de enfrentar os riscos imprevisíveis de uma mudança de regime, especialmente de uma mudança produzida pelo desejo do povo expresso em eleições livres.

O princípio de "melhor um mal conhecido" parece estar por trás das políticas externas de muitos governos ocidentais para os povos do mundo islâmico. Essa atitude é às vezes apresentada, e mesmo aceita, como uma expressão de simpatia e apoio aos árabes e suas causas, aparentemente na crença de que, ao eximir governos e líderes árabes das regras normais de comportamento civilizado, estaríamos, de alguma forma, conferindo um privilégio aos povos árabes. Na verdade, essa dispensa não representa nada disso, sendo, no melhor dos casos, a busca de uma aliança temporária baseada em auto-interesses semelhantes e dirigida contra um inimigo comum, às vezes também sustentada pelos mesmos preconceitos. Em um nível mais profundo da realidade, é uma indicação de desrespeito e falta de interesse – desrespeito pelo passado árabe, falta de interesse pelo presente e futuro árabes.

Essa abordagem encontra algum apoio tanto nos círculos diplomáticos quanto acadêmicos nos Estados Unidos, e em círculos ainda mais amplos na Europa. Os governantes árabes são, assim, capazes de esmagar dezenas de milhares de seu próprio povo, como na Síria e na Argélia, ou centenas de milhares, como no Iraque e no Sudão, para privar os homens da maior parte de seus direitos civis – e, as mulheres, de todos – e para doutrinar crianças nas escolas com intolerância e ódio contra outras sem que isso provoque nenhum protesto significativo da mídia e das instituições liberais no Ocidente e, menos ainda, qualquer indício de punições como boicotes, retirada de investimentos ou denúncias em Bruxelas. Na realidade, essa assim chamada atitude diplomática perante governos árabes tem sido profundamente danosa para os povos árabes, um fato a respeito do qual estão tomando consciência de uma maneira penosa.

Tal como muitos vêem no Oriente Médio, a posição básica dos governos europeus e norte-americano é: "Não nos preocupamos com o que vocês fazem com seus próprios povos em seus países, desde que sejam cooperativos em atender nossas necessidades e proteger nossos interesses."

Às vezes, mesmo nos casos que envolviam seus interesses, os governos norte-americanos traíram aqueles a quem haviam prometido apoiar e persuadido a correr riscos. Um exemplo notável ocorreu em 1991, quando os Estados Unidos conclamaram o povo iraquiano a se revoltar contra Saddam Hussein. Assim fizeram os curdos no norte do Iraque e os xiitas no sul do país, e as forças vitoriosas dos Estados Unidos sentaram-se e assistiram Saddam Hussein, usando os helicópteros que o acordo de cessar-fogo havia permitido que mantivesse, eliminar e trucidar de forma sanguinária grupo por grupo, região por região.

A lógica por trás dessa ação – ou, melhor dizendo, inação – não é difícil de ver. Sem dúvida, a coalizão vitoriosa na Guerra do Golfo queria uma mudança de governo no Iraque, mas esperava por um golpe de Estado, não uma revolução. Via um típico levantamento popular como perigoso – poderia levar à incerteza ou mesmo à anarquia na região. Poderia até mesmo produzir um estado democrático, uma perspectiva alarmante para os "aliados" da América na região. Um golpe seria mais previsível, e poderia levar ao resultado desejado: a substituição de Saddam Hussein por outro ditador mais cooperativo, que ocupasse seu lugar entre os aliados da coalizão. Essa política falhou completamente, e foi interpretada na região como traição ou fraqueza, insensatez ou hipocrisia.

Outro exemplo do uso de dois pesos e duas medidas ocorreu na cidade síria de Hama em 1982. Os problemas começaram com um levante encabeçado pelo grupo radical Irmãos Muçulmanos. O governo sírio respondeu rapidamente, e com força total. Não usou canhões de água nem balas de borracha, nem mandou soldados enfrentar livre-atiradores e armadilhas de minas em buscas de casa em casa para encontrar e identificar seus inimigos entre a população civil local. Seu método foi mais simples, mais seguro e mais rápido. Atacaram a cidade com tanques, artilharia e bombardeiros aéreos, seguidos de *bulldozers* para completar o trabalho de destruição. Dentro de muito pouco tempo, haviam reduzido uma grande parte da cidade a ruínas. O número de pessoas mortas foi estimado pela Anistia Internacional como algo entre dez mil e 25 mil.

A ação, ordenada e supervisionada pelo presidente sírio, Hafiz al-Assad, chamou pouca atenção na época. Essa reação fraca contrastava nitidamente com aquela evocada por outro massacre, poucos meses depois, no mesmo ano, nos campos de refugiados em Sabra e Shatila, no Líbano. Naquela ocasião, 700 ou 800 palestinos foram massacrados por uma milícia cristã libanesa aliada a Israel. Isso provocou uma condenação a Israel enérgica e generalizada, que reverbera até hoje. O massacre em Hama não impediu os Estados Unidos de, em seguida, cortejar Assad, que recebeu uma longa série de visitas de Secretários de Estado norte-americanos – James Baker (11 vezes entre setembro de 1990 e julho de 1992), Warren Christopher (15 vezes entre fevereiro de 1993 e fevereiro de 1996) e Madeline Albright (quatro vezes entre setembro de 1997 e janeiro de 2000) – e inclusive do presidente Clinton (uma visita à Síria e dois encontros na Suíça entre janeiro de 1994 e março de 2000). É muito improvável que os Estados Unidos se mostrassem tão ávidos para fazer as pazes com um dirigente que tivesse perpetrado tais crimes em solo ocidental, com vítimas ocidentais. Hafiz al-Assad nunca se tornou um aliado norte-americano ou, como outros diriam, uma marionete, mas certamente não foi por falta de esforços da diplomacia norte-americana.

Os fundamentalistas estavam conscientes de uma outra disparidade – outro caso não menos dramático de dois pesos, duas medidas. Aqueles massacrados em Hama, cujas mortes provocaram tão pouca preocupação no Ocidente, eram Irmãos Muçulmanos, suas famílias e vizinhos. Aos olhos ocidentais, assim parecia, os direitos humanos não se aplicavam a vítimas muçulmanas devotas, nem os controles democráticos a seus assassinos "seculares".

A falta de confiança ocidental nos movimentos políticos islâmicos e a disposição de tolerar ou mesmo apoiar ditadores que mantivessem tais movimentos fora do poder apareceram de forma ainda mais dramática no caso da Argélia, onde uma nova constituição democrática foi adotada por referendo em fevereiro de 1989 e o sistema multipartidário foi oficialmente estabelecido em julho daquele ano. Em dezembro de 1991, a Frente Islâmica de Salvação (FIS) saiu-se muito bem no primeiro turno das eleições para a Assembléia Nacional, e parecia mais do que provável que teria uma clara maioria no segundo turno. A FIS já havia desafiado os militares argelinos, acusando-os de serem mais inclinados a reprimir seu próprio povo que a ajudar um irmão necessitado. O irmão necessitado era Saddam Hussein, cuja invasão do Kuwait e desafio ao Ocidente haviam provocado grande entusiasmo entre fundamentalistas muçulmanos na África do Norte, persuadindo seus líderes a transferir para o novo herói iraquiano a lealdade até então prestada a seus patronos sauditas. Em janeiro de 1992, após um intervalo de tensão crescente, os militares cancelaram o segundo turno das eleições. Nos meses que se seguiram, dissolveram a FIS e estabeleceram um regime "secular", de fato uma ditadura cruel, sob sinais de aprovação vindos de Paris, Washington e de outras capitais ocidentais. Seguiu-se um conflito penoso e mortífero, com acusações recíprocas de massacre – de fundamentalistas, pelo exército e por outros instrumentos menos formais do governo, e de secularistas, modernistas e espectadores, pelos fundamentalistas. Em 1997, a Anistia Internacional avaliou o número de vítimas desde o início do conflito em 80 mil, sendo a maioria de civis.

A Al-Qaeda julgou explicitamente os Estados Unidos como responsáveis pelo golpe militar na Argélia. Aqui, como em outros lugares, a América, como a potência dominante no mundo dos infiéis, naturalmente foi acusada de tudo o que deu errado e, mais especificamente, da supressão dos movimentos islâmicos, da matança de seus seguidores e do estabelecimento do que foi visto como ditaduras antiislâmicas com o apoio ocidental e, para ser mais exato, norte-americano. Aqui também os norte-americanos foram acusados – por muitos, por não protestar contra essa violação das liberdades democráticas; por alguns, por encorajar e apoiar ativamente o regime militar. Problemas semelhantes surgiram no Egito, no Paquistão e em alguns outros países muçulmanos onde parecia provável que uma eleição verdadeiramente livre e limpa resultasse em uma vitória islâmica.

Nisso, é claro, os democratas estão em desvantagem. Sua ideologia requer que, mesmo quando no poder, dêem liberdade e direitos à oposição islamita. Os islamitas, quando no poder, não estão submetidos a tal obrigação. Ao contrário, seus princípios requerem que reprimam o que vêem como atividades ímpias e subversivas.

Para os islamitas, a democracia, expressando a vontade popular, é o caminho para o poder, mas é uma estrada de mão única, na qual não há retornos e nenhuma rejeição da soberania de Deus tal como exercida através de seus representantes escolhidos. Sua política eleitoral tem sido classicamente resumida como "Um homem (apenas homens), um voto, uma vez".

Claramente, no mundo islâmico, tal como era na Europa, uma eleição livre e justa é o auge, não a inauguração, do processo de desenvolvimento democrático. Mas isso não é nenhuma razão para mimar ditadores.

7 Um Fracasso da Modernidade

Quase todo o mundo muçulmano é afetado por pobreza e tirania. Ambos os problemas são atribuídos, especialmente por aqueles interessados em desviar a atenção de si mesmos, aos Estados Unidos – o primeiro, à dominância e exploração econômicas norte-americanas, agora apenas superficialmente disfarçada de "globalização"; o segundo, ao apoio norte-americano a muitos dos chamados tiranos muçulmanos que servem a seus propósitos. A globalização tornou-se um dos temas mais importantes na mídia árabe, e é quase sempre suscitada em associação à penetração econômica norte-americana. A situação cada vez mais deplorável da economia na maior parte do mundo muçulmano, comparada não apenas com o Ocidente, mas também com as economias rapidamente em ascensão do leste da Ásia, alimenta essas frustrações. A supremacia norte-americana, como o Oriente Médio a vê, indica para onde dirigir a culpa e a hostilidade resultantes.

A combinação de baixa produtividade e alta taxa de natalidade no Oriente Médio produz uma combinação instável, com uma grande população que cresce com rapidez de homens jovens desempregados, sem instrução e frustrados. Segundo todos os indicadores das Nações Unidas, do Banco Mundial e de outras autoridades, os países árabes – em questões como geração de empregos, educação, tecnologia e produtividade – estão ficando cada vez mais para trás do Ocidente. Pior ainda, as nações árabes também estão mais atrasadas do que os mais recentes recrutas da modernidade estilo Ocidente, como Coréia, Taiwan e Cingapura.

Os dados comparativos do desempenho dos países muçulmanos, tal como refletido nessas estatísticas, são arrasadores. Na classificação das economias segundo o Produto Interno Bruto (PIB), o país de maioria muçulmana com a mais alta classificação é a Turquia, com 64 milhões de habitantes, em 23ª colocação, entre Áustria e Dinamarca, cada uma com cinco milhões. O segundo é a Indonésia, com 212 milhões, em 28º lugar, antecedido pela Noruega, com 4,5 milhões, e seguido pela Arábia Saudita, com 21 milhões. Na comparação por poder de compra, o primeiro Estado muçulmano é a Indonésia, em 15º lugar, seguido pela Turquia no 19º. O país árabe com mais alta colocação é a Arábia Saudita, em 29º lugar, seguida pelo Egito. Em termos de padrões de vida medidos pelo PIB per capita, o primeiro Estado muçulmano é o Qatar, em 23º lugar, seguido pelos Emirados Árabes Unidos no 25º e Kuwait no 28º.

Em uma classificação segundo a produção industrial, o país muçulmano com melhor colocação é a Arábia Saudita, nº 21, seguido pela Indonésia que, junto com Áustria e Bélgica, ocupam o 22º lugar, e pela Turquia, que, junto com a Noruega, está em 27º lugar. Em uma lista por produtos manufaturados, o país árabe com mais alta colocação é o Egito, em 35º lugar, junto com a Noruega. Em uma classificação segundo a expectativa de vida, o primeiro Estado árabe é o Kuwait, em 32º lugar, logo após a Dinamarca e seguido por Cuba. Considerando o número de linhas telefônicas por cem pessoas, o primeiro país muçulmano listado são os Emirados Árabes Unidos, em 33º lugar, entre Macau e Réunion. Em termos de computadores por cem pessoas, o primeiro país muçulmano listado é Bahrain, em 30º lugar, seguido pelo Qatar, em 32º, e pelos Emirados Árabes Unidos, em 34º.

A venda de livros apresenta um quadro ainda mais desolador. Uma lista de vinte e sete países, começando com os Estados Unidos e terminando com o Vietnã, não inclui um único Estado muçulmano. Em um índice de desenvolvimento humano, Brunei é nº 32, Kuwait

36, Bahrain 40, Qatar 41, Emirados Árabes Unidos 44, Líbia 66, Cazaquistão 67, e a Arábia Saudita 68, junto com o Brasil.

O relatório sobre o Desenvolvimento Humano Árabe em 2002, preparado por um comitê de intelectuais árabes e publicado sob os auspícios das Nações Unidas, revela, novamente, alguns contrastes dramáticos. "O mundo árabe traduz cerca de 330 livros anualmente, um quinto do número traduzido na Grécia. O total acumulado de livros traduzidos desde a época do califa Maa'moun (*sic*) [o século IX] é de cerca de cem mil, quase a média do número de traduções feitas na Espanha em um único ano." A situação econômica não é nada melhor: "O PIB combinado de todos os países árabes alcançou 531,2 bilhões de dólares em 1999 – menos que o de um único país europeu, a Espanha (595,5 bilhões)." Outro aspecto do subdesenvolvimento é ilustrado em uma tabela de "pesquisadores científicos em atividade, artigos citados freqüentemente, e *papers* citados freqüentemente por milhão de habitantes, 1987."*

País	Pesquisadores científicos	Artigos com 40 ou mais citações	Número de *papers* citados freqüentemente, por milhões de pessoas
Estados Unidos	466.211	10.481	42,99
Índia	29.509	31	0,04
Austrália	24.963	280	17,23
Suíça	17.028	523	79,90
China	15.558	31	0,03
Israel	11.617	169	36,63
Egito	3.782	1	0,02
Rep. da Coréia	2.255	5	0,12
Arábia Saudita	1.915	1	0,07
Kuwait	884	1	0,53
Argélia	362	1	0,01

* *The Arab Human Development Report 2002: Creating Opportunities for Future Generations*, patrocinado pelo Bureau Regional para os Estados Árabes/PNUD, Fundo Árabe para o Desenvolvimento Econômico e Social.

Isso dificilmente poderia surpreender, dados os números comparativos de analfabetismo.

Em uma classificação de 155 países conforme seu grau de liberdade econômica em 2001, os do Golfo Árabe parecem sair-se bastante bem, com Bahrain sendo o nº 9, os Emirados Árabes Unidos 14 e o Kuwait 42. Mas o desempenho econômico geral do mundo árabe e, em termos mais amplos, do mundo muçulmano permanece relativamente fraco. De acordo com o Banco Mundial, em 2000 a renda média anual nos países muçulmanos, de Marrocos a Bangladesh, era apenas a metade da média mundial, e na década de 1990 os produtos nacionais brutos combinados da Jordânia, Síria e Líbano, isto é, três dos vizinhos árabes de Israel – eram consideravelmente menores que o israelense. Os números per capita são ainda piores. De acordo com estatísticas das Nações Unidas, o PIB per capita de Israel era três vezes e meia o do Líbano e da Síria, 12 vezes o da Jordânia e 13 vezes e meia o do Egito.

O contraste com o Ocidente, e agora também com o Extremo Oriente, é ainda mais desconcertante. Outrora, tais discrepâncias poderiam ter passado despercebidas pela vasta maioria da população. Hoje, graças à moderna mídia e às comunicações, mesmo os mais pobres e mais ignorantes estão duramente conscientes das diferenças entre eles e outros, e isso acontece em todos os níveis – pessoal, familiar, local e social.

A modernização política não é nada melhor – talvez seja até pior – que nas áreas militar e econômica. Muitos países islâmicos têm feito tentativas com instituições democráticas de um tipo ou outro. Em alguns, como Turquia e Irã, foram introduzidas por reformistas nacionais inovadores; em outros, como em vários dos países árabes, foram instaladas e depois deixadas como herança pelos imperialistas que se retiravam. Os resultados, com a exceção da Turquia, são de quase invariável fracasso. Partidos e parlamentos de estilo ocidental terminaram quase invariavelmente em tiranias corruptas mantidas por repressão e doutrinação. O único modelo europeu que funcionou, no sentido de alcançar seus propósitos, foi a ditadura do partido único. O Partido Ba'th, cujas diferentes facções têm governado o Iraque e a Síria por décadas, incorporou os piores aspectos de seus modelos nazista e soviético. Desde a morte do presidente egípcio Nasser, em 1970, nenhum líder árabe foi capaz de ganhar amplo apoio fora de seu próprio país. Na verdade, nenhum líder árabe tem mostrado disposição de submeter sua aspiração ao poder ao voto livre. Os líderes que chegaram mais perto de ganhar uma aprovação pan-árabe são o líbio Mu'ammar Qaddafi, na década de 1970, e, mais recentemente, Saddam Hussein. Que esses dois, dentre todos os governantes árabes, devam gozar de tão ampla popularidade é, em si mesmo, tanto assustador quanto revelador.

Em vista disso, dificilmente poderia surpreender o fato de que muitos muçulmanos falem sobre o fracasso da modernização e respondam a diferentes diagnósticos da doença de suas sociedades com diferentes receitas para sua cura.

Para alguns, a resposta é mais e melhor modernização, alinhando o Oriente Médio com o mundo moderno e em vias de modernização. Para outros, a modernidade é, por si só, o problema e a fonte de todas as misérias.

As pessoas no Oriente Médio estão cada vez mais conscientes do profundo e crescente hiato entre as oportunidades do mundo livre além de suas fronteiras e a privação e repressão chocantes dentro delas. A raiva daí resultante é naturalmente dirigida, primeiro, contra seus governos e, depois, contra aqueles que, para elas, mantêm esses governantes no poder por razões egoístas. É certamente significativo que todos os terroristas identificados nos ataques de 11 de setembro em Nova York e Washington tenham vindo da Arábia Saudita e do Egito, isto é, de países cujos governantes são considerados amigos dos Estados Unidos.

Uma razão para esse fato curioso, apresentada por um agente da Al-Qaeda, é que terroristas de países amigos têm menos dificuldades para conseguir vistos norte-americanos. Outra razão mais elementar é o maior grau de hostilidade existente em países onde os Estados Unidos são tidos como responsáveis pela manutenção de regimes tirânicos. Um caso especial, agora sob cada vez mais fiscalização, é a Arábia Saudita, onde elementos significativos no próprio regime parecem, de tempos em tempos, partilhar e fomentar essa hostilidade.

8 A Aliança entre o Poder Saudita e o Ensinamento *Wahhabi*

A rejeição da modernidade a favor de um retorno ao passado sagrado tem uma história variada e ramificada na região, e deu origem a um grande número de movimentos. O mais importante desses foi, sem dúvida, aquele conhecido como wahhabismo, palavra derivada do nome de seu fundador. Muhammad ibn 'Abd al-Wahhab (1703-1792) foi um teólogo da região de Najd, na Arábia, governada por xeques da Casa de Saud. Em 1744, lançou uma campanha de purificação e renovação. Seu objetivo declarado era retornar ao puro e autêntico islã do Fundador, removendo e, onde necessário, destruindo todos os posteriores acréscimos e distorções.

A causa *wahhabi* foi abraçada pelos governantes sauditas de Najd, que a promoveram, com sucesso temporário, pela força das armas. Em uma série de campanhas, levaram seu domínio e sua fé a grande parte da Arábia central e oriental, e chegaram a fazer incursões hostis às terras do Crescente Fértil sob direta administração otomana. Após saquear Karbala, a cidade sagrada xiita do Iraque, voltaram sua atenção para o Hijaz, ocupando e – nas suas palavras – purificando as cidades sagradas de Meca e Medina em 1804-1806. A essa altura, era claro que estavam confrontando e desafiando o sultão otomano, acusado publicamente pelos governantes sauditas como um apóstata da fé muçulmana e um usurpador ocupando um Estado muçulmano.

O Império Otomano, mesmo naquele estágio de seu declínio, foi capaz de lidar com um rebelde do deserto. Com a ajuda do paxá do Egito e suas forças, completou-se a tarefa em 1818, quando a capital saudita foi ocupada e seu emir mandado para Istambul e decapitado. Temporariamente o Estado saudita deixava de existir, mas a doutrina *wahhabi* sobreviveu e, por volta de 1823, outro membro da Casa de Saud conseguiu reconstituir o principado, com sua capital em Riad. Mais uma vez, os chefes locais da Casa de Saud ajudaram os representantes da doutrina *wahhabi* e foram ajudados por eles.

Esse surgimento do wahhabismo na Arábia do século XVIII foi, significativamente, uma resposta às circunstâncias cambiantes da época. Uma dessas era, por certo, a retirada do islã e o correspondente avanço da cristandade. Há muito isso já vinha acontecendo, um processo lento e gradual iniciado nas periferias longínquas do mundo islâmico. No século XVIII, já era visível até mesmo no centro. A longa, lenta retirada dos otomanos dos Bálcãs e o avanço dos ingleses na Índia ainda estavam muito distantes da Arábia, mas seu impacto foi sentido, tanto através dos otomanos quanto no Golfo Pérsico, e estava claramente refletido entre os peregrinos que vinham à Arábia todos os anos de todas as partes do mundo muçulmano. A ira dos *wahhabis* dirigia-se em primeiro lugar não contra os de fora, mas contra aqueles que viam como traindo e degradando o islã a partir de dentro: de um lado, os que tentavam qualquer tipo de reforma modernizadora; de outro – e esse era o alvo mais imediato –, aqueles que os *wahhabis* consideravam responsáveis pela corrupção e degradação da verdadeira herança islâmica do Profeta e de seus Companheiros. Opunham-se com veemência, é claro, a qualquer escola ou versão do islã, fosse ela sunita ou xiita, diferente de sua própria. Opunham-se, particularmente, ao sufismo, condenando não apenas seu misticismo e tolerância, mas também o que viam como cultos pagãos a ele associados.

Sempre que podiam, exigiam o cumprimento de suas crenças com a mais extrema severidade e ferocidade, demolindo túmulos, violando o que chamavam locais sagrados falsos e idólatras e trucidando grande número de homens, mulheres e crianças que deixassem de atender a seus padrões de pureza e autenticidade islâmicas. Outra prática introduzida por Ibn 'Abd al-Wahhab foi a censura e queima de livros. Eram principalmente trabalhos islâmicos sobre teologia e legislação, considerados contrários à doutrina *wahhabi*. A queima de livros freqüentemente era acompanhada da execução sumária dos que os haviam escrito, copiado ou ensinado.

A segunda aliança entre a doutrina *wahhabi* e a tropa saudita começou nos últimos anos do Império Otomano e continua até os dias de hoje. Dois acontecimentos do início do século XX transformaram o wahhabismo em uma das grandes forças atuantes no mundo islâmico e fora dele também. O primeiro foi a expansão e consolidação do reino saudita. Nos últimos anos do Império Otomano, o xeque 'Abd al-'Aziz Ibn Saud (nascido por volta de 1880, tendo reinado de 1902 a 1953) jogou habilmente com o conflito entre os otomanos, de um lado, e o crescente poder britânico na Arábia oriental, do outro. Em dezembro de 1915, assinou um acordo com a Inglaterra pelo qual, preservando sua independência, obteve um subsídio e uma promessa de ajuda, caso sofresse um ataque. O fim da guerra e a queda do Império Otomano encerraram essa fase e deixaram-no sozinho, cara a cara com a Inglaterra. Saiu-se muito bem nesse novo arranjo e, pouco a pouco, foi capaz de expandir o reino herdado. Em 1921, finalmente derrotou no norte de Najd seu rival de longa data, Ibn Rashid, e, anexando seus territórios, assumiu o título de sultão de Najd.

Estava pronto o cenário para um conflito mais crucial pelo controle do Hijaz. Essa terra, incluindo as duas cidades sagradas muçulmanas de Meca e Medina, havia sido governada por membros da dinastia hashimita, descendentes do Profeta, por mais de um milênio, e estivera, nos séculos mais recentes, sob frouxa suserania otomana. O estabelecimento das monarquias hashimitas, encabeçadas por vários ramos da família, no Iraque e na Transjordânia, como parte da reestruturação de antigas províncias árabes otomanas após a Primeira Guerra Mundial, foi vista por Ibn Saud como uma ameaça a seu próprio reino. Após anos de relações deteriorantes, o rei Hussein do Hijaz forneceu um pretexto duplo, proclamando-se califa e, depois, recusando-se a permitir que peregrinos *wahhabi* chegassem às cidades sagradas. Ibn Saud respondeu invadindo o Hijaz em 1925.

A guerra de conquista saudita foi um sucesso completo. Suas tropas capturaram primeiro Meca; e em 5 de dezembro de 1925, após um sítio de dez meses, Medina entregou-se pacificamente. Duas semanas depois o rei 'Ali, que havia sucedido seu pai, Hussein, pediu ao vice-cônsul britânico em Djedda que informasse Ibn Saud de sua saída do Hijaz apenas com seus pertences pessoais. Isso foi tomado como uma abdicação e, no dia seguinte, as forças sauditas entraram em Djedda. O caminho estava então aberto para Ibn Saud proclamar-se rei do Hijaz e sultão de Najd e suas dependências, em 8 de janeiro de 1926. O novo regime foi imediatamente reconhecido pelas autoridades européias, e de maneira notável pela União Soviética, em uma nota diplomática de 16 de fevereiro para Ibn Saud, "com base no princípio do direito de autodeterminação dos povos e em respeito à vontade do povo do Hijaz, conforme expressada em sua escolha de tê-lo como seu rei".* Um tratado formal entre Ibn Saud e a Grã-Bretanha, reconhecendo a plena independência do reino, foi assinado em 20 de maio de 1927. Alguns outros Estados europeus fizeram o mesmo.

O reconhecimento muçulmano, ao contrário, foi mais lento e mais relutante. Uma missão muçulmana vinda da Índia visitou Djedda e solicitou que o rei abrisse mão do controle das cidades sagradas para um comitê de representantes a serem indicados por todos os países muçulmanos. Ibn Saud não respondeu a esse pedido e

---

* Citado em Alexei Vassiliev, *The History of Saudi Arabia* (Londres, 1998), p.265.

mandou a missão de volta à Índia por mar. Em junho do mesmo ano, convocou um Congresso Islâmico em Meca, convidando os soberanos e presidentes dos Estados muçulmanos independentes e representantes de organizações muçulmanas em países sob governo não-muçulmano. Participaram do congresso 69 pessoas de todas as partes do mundo islâmico. Dirigindo-se a eles, Ibn Saud deixou claro que era agora o governante do Hijaz. Cumpriria suas obrigações como guardião dos locais sagrados e protetor da peregrinação, mas não permitiria nenhuma intervenção externa no seu desempenho dessas tarefas.

Na época, isso produziu reações variadas entre seus convidados. Alguns discordaram e partiram; outros aceitaram e reconheceram a nova ordem. Notável entre os últimos foi o chefe da delegação de muçulmanos da União Soviética, cujo líder, em uma entrevista à agência soviética de notícias TASS, anunciou que o Congresso Islâmico havia reconhecido o rei Ibn Saud como guardião dos locais sagrados; havia também requerido a transferência de partes da Jordânia para o novo reino do Hijaz e, de modo geral, expressado apoio a Ibn Saud. O reconhecimento pelos Estados muçulmanos e, mais ainda, pelos Estados árabes, levou muito mais tempo. Tratados de amizade foram assinados com a Turquia e o Irã em 1929, com o Iraque em 1930 e com a Jordânia em 1933. A anexação saudita do Hijaz não foi formalmente reconhecida pelo Egito até o acordo de maio de 1936.

Enquanto isso, Ibn Saud seguiu rapidamente com a reorganização e reestruturação de seu vasto reino e, em setembro de 1932, proclamou um novo Estado unitário, a ser chamado Reino da Arábia Saudita. No ano seguinte, indicou seu filho mais velho, Saud, como herdeiro do trono.

O outro grande acontecimento que afetou a região se deu no mesmo ano, com a assinatura, em 19 de maio de 1933, de um acordo entre o ministro das Finanças saudita e um representante da Standard Oil da Califórnia. As políticas sauditas e as doutrinas *wahhabi* estavam agora apoiadas em sólidos alicerces econômicos.

Interesses ocidentais no petróleo do Oriente Médio datam do início do século XX, e foram dirigidos principalmente por companhias inglesas, holandesas e francesas. O interesse norte-americano começou nos primeiros anos da década de 1920, com a preocupação cada vez maior quanto ao esgotamento das reservas domésticas de petróleo e o receio de um monopólio europeu sobre a produção do Oriente Médio. As companhias norte-americanas começaram a entrar no mercado de petróleo do Oriente Médio como parceiros minoritários em consórcios europeus. A Standard Oil da Califórnia foi a primeira companhia dos Estados Unidos a se envolver profundamente na exploração do petróleo. Após alguns esforços não-conclusivos nos Estados do Golfo, a Standard Oil finalmente buscou os sauditas e, em 1930, solicitou permissão para uma exploração geológica nas províncias orientais. De início, o rei Ibn Saud recusou, mas depois concordou com negociações que culminaram no acordo de 1933. Um dos fatores que o induziram a mudar de idéia foi, sem dúvida, a depressão que tivera início em 1929 e trouxera uma grave e crescente deterioração às finanças do reino.

Menos de quatro meses após a assinatura do acordo, os primeiros geólogos norte-americanos chegaram à Arábia oriental. No final do ano, a missão exploratória estava bem-estabelecida, e no ano seguinte as equipes norte-americanas começaram a extração e a exportação do petróleo. O processo de desenvolvimento foi interrompido pela Segunda Guerra Mundial e retomado quando os conflitos terminaram. Pode-se ter uma idéia da escala do empreendimento através da quantidade de petróleo extraído na Arábia, em milhões de barris: 1945, 21,3; 1955, 356,6; 1965, 804,8; 1975, 2.582,5.

O fluxo de petróleo que saía e o correspondente fluxo de recursos que entrava trouxeram imensas mudanças ao reino saudita, sua estrutura interna e modo de vida e seu papel externo e influência, tanto nos países consumidores de petróleo quanto, mais forte ainda, no mundo do islã. A mudança mais significativa foi no impacto do wahhabismo e no papel de seus protagonistas. O wahhabismo era agora a doutrina oficial, imposta pelo Estado de um dos mais influentes governos de todo o islã – o guardião dos dois locais mais sagrados, o anfitrião da peregrinação anual, que traz milhões de muçulmanos de todas as partes do mundo para seus ritos e rituais. Ao mesmo tempo, os instrutores e pregadores do wahhabismo tinham à sua disposição recursos financeiros ilimitados, que usavam para promover e disseminar sua versão do islã. Mesmo em países ocidentais na Europa e nos Estados Unidos, que dispõem de bons sistemas de ensino público, os centros de doutrinação *wahhabi* podem ser o único modo de formação islâmica disponível para novos convertidos e para pais muçulmanos que querem dar a seus filhos alguma base sobre suas próprias heranças e tradições religiosas e culturais. Essa doutrinação é oferecida em escolas particulares, seminários religiosos, escolas em mesquitas, colônias de férias e, cada vez mais, prisões.

No uso tradicional islâmico, o termo *madrasa* denotava um centro superior de educação, erudição, ensino e pesquisa. O *madrasa* islâmico clássico foi o antecessor e, de várias maneiras, forneceu o modelo para as grandes universidades européias medievais. No uso moderno, a palavra *madrasa* adquiriu sentido negativo: acabou por denotar um centro de doutrinação em intolerância e violência. Um exemplo revelador pode ser visto na formação de muitos dos turcos presos sob suspeita de cumplicidade em atividades terroristas. Todos nasceram e foram educados na Alemanha, nenhum deles na Turquia. O governo alemão não supervisiona a educação religiosa de grupos minoritários. O governo turco mantém um olho atento sobre essas questões. Na Europa e nos Estados Unidos, devido à relutância dos Estados em se envolverem em assuntos religiosos, o ensino do islã em escolas e em outros locais tem sido, de modo geral, totalmente sem supervisão das autoridades. Essa situação claramente favorece aqueles que têm menor grau de escrúpulos, as mais fortes convicções e mais dinheiro.

O resultado talvez possa ser mostrado através de um paralelo imaginário. Suponhamos que a Ku Klux Klan ou algum grupo similar ganhe total controle do Estado do Texas, de seu petróleo e, portanto, de suas receitas do petróleo, e, tendo feito isso, use esse dinheiro para estabelecer uma rede de escolas e universidades bem-dotadas por toda a cristandade, mascateando seu tipo peculiar de cristianismo. Esse paralelo é um tanto menos terrível que a realidade, já que a maior parte dos países cristãos tem seus próprios sistemas de escolas públicas em funcionamento. Em alguns países muçulmanos isso não acontece, e as escolas e universidades financiadas pelos wahhabis representam, para muitos jovens muçulmanos, a única formação disponível. Por esses recursos, os *wahhabis* levaram sua mensagem por todo o mundo islâmico e, cada vez mais, pelas comunidades minoritárias em outros países, notavelmente na Europa e na América do Norte. A vida pública muçulmana, a educação, e até mesmo a prática religiosa são, numa dimensão alarmante, financiadas e, portanto, dirigidas por *wahhabis*, e a versão do islã que eles praticam e pregam é dominada por princípios e atitudes *wahhabi*. A custódia sobre os lugares sagrados e as receitas do petróleo conferiram impacto mundial ao que, de outra forma, teria sido um contorno extremista em um país marginal.

A exploração do petróleo trouxe uma enorme e nova opulência e, com ela, novas e cada vez mais amargas tensões sociais. Na antiga sociedade, desigualdades de riqueza haviam sido limitadas, e seus efeitos eram contidos – de um lado, pelos laços e obrigações sociais tradicionais que ligavam ricos e pobres e, de outro, pela privacidade da vida doméstica muçulmana. Com muita freqüência, a modernização tem aumentado as diferenças, destruído os laços sociais e, através da universalidade da mídia moderna, tornado visíveis as desigualdades resultantes de uma forma severa. Tudo isso tem criado públicos novos e receptivos aos ensinamentos *wahhabi* e de outros grupos com mentalidade semelhante, entre eles os Irmãos Muçulmanos, no Egito e na Síria, e o Talibã no Afeganistão.

A riqueza do petróleo também teve efeitos políticos negativos, ao inibir o desenvolvimento de instituições representativas. "Não haverá taxação sem representação" marca um passo crucial no desenvolvimento da democracia ocidental. Infelizmente, o oposto também é verdadeiro – não há representação sem taxação. Governos cuja riqueza deriva do petróleo não têm necessidade de assembléias populares para impor e arrecadar impostos, e podem se dar o luxo, por algum tempo, pelo menos, de ignorar a opinião pública. Mesmo esta limitação tem pouco significado em sociedades como essas. Sem qualquer outra válvula de escape, descontentes novos e progressivos também encontram expressão em movimentos extremistas religiosos.

Já se tornou normal descrever esses movimentos como fundamentalistas. É um termo infeliz, por diversas razões. Originalmente, era um termo protestante norte-americano usado para designar certas igrejas protestantes que diferiam, em alguns aspectos, das igrejas convencionais. As duas principais diferenças eram a teologia liberal e a leitura crítica da Bíblia, ambas vistas como objetáveis. A teologia liberal costumava ser uma questão entre muçulmanos no passado, e pode vir a ser de novo no futuro. No presente, não é. A divindade literal e a infalibilidade do Alcorão é um dogma básico do islã, e, embora alguns possam ter dúvidas, ninguém o contesta. Essas diferenças não guardam qualquer semelhança com aquelas que dividem os fundamentalistas muçulmanos da corrente principal islâmica, e o termo, portanto, pode levar a um engano. No entanto, tornou-se uso comum agora, e tem até mesmo sido literalmente traduzido em árabe, persa e turco.

O eclipse do pan-arabismo deixou os fundamentalistas islâmicos como a alternativa mais atraente para todos aqueles que sentiam que tem de haver algo melhor, mais verdadeiro e mais promissor que as tiranias ineptas de seus governantes e as ideologias falidas impostas pelo exterior. Esses movimentos alimentam-se de privações e humilhações, bem como da frustração e do ressentimento gerados por elas após o fracasso de todas as panacéias políticas e econômicas, tanto as importadas quanto as suas imitações locais. Como entendido por muitos no Oriente Médio e na África do Norte, o capitalismo e o socialismo foram experimentados e ambos falharam; tanto os modelos ocidentais quanto os orientais produziram apenas pobreza e tirania. Pode parecer injusto que na Argélia pós-independência, por exemplo, o Ocidente fosse culpado pelas políticas pseudo-stalinistas de um governo antiocidental, pelo fracasso de umas e pelas inaptidões do outro. Mas o sentimento popular não está inteiramente errado ao ver o Ocidente e as idéias ocidentais como a principal fonte das maiores mudanças que transformaram o mundo islâmico no último século ou mais. Em conseqüência disso, grande parte da raiva do mundo islâmico é dirigida contra os ocidentais, vistos como o antigo e imemorial inimigo do islã desde os primeiros embates entre os califas muçulmanos e os imperadores cristãos, e contra o ocidentalizador, visto como uma ferramenta ou cúmplice do Ocidente e traidor de sua própria fé e de seu povo.

O fundamentalismo religioso desfruta de diversas vantagens com relação a ideologias concorrentes. É prontamente inteligível tanto para os muçulmanos instruídos quanto para os não-instruídos. Oferece um conjunto de temas, slogans e símbolos profundamente familiares e, portanto, efetivos em mobilizar apoio e em formular tanto uma crítica do que está errado quanto um programa de correções. Movimentos religiosos contam com outra vantagem prática em sociedades como as do Oriente Médio e da África do Norte que estão sob regimes mais ou menos autocráticos: ditadores podem proibir partidos, podem proibir reuniões – mas não podem proibir preces públicas, e apenas de certa forma conseguem controlar os sermões.

Como resultado, os grupos de oposição religiosos são os únicos que têm locais regulares de reunião onde podem congregar-se e ter à sua disposição uma rede fora do controle do Estado ou, pelo menos, não totalmente submetida a ele. Quanto mais opressor o regime, mais ele ajuda os fundamentalistas ao lhes dar o monopólio virtual da oposição.

O radicalismo islâmico militante não é novo. Por diversas vezes, desde os princípios do impacto ocidental, no século XVIII, têm existido movimentos de oposição militantes expressando-se com teor religioso. Até agora, todos fracassaram. Às vezes, de uma maneira simples e relativamente indolor, sendo derrotados e reprimidos. Nesses casos, a coroa do martírio lhes trouxe uma espécie de sucesso. Outras vezes, fracassaram da maneira mais difícil, ganhando poder e tendo, assim, que enfrentar grandes problemas econômicos e sociais para os quais não dispunham de respostas concretas. O que aconteceu usualmente foi que se tornaram, no tempo devido, tão opressores e cínicos quanto os antecessores que derrubaram. É então que podem vir a ser de fato perigosos, quando, para usar uma tipologia européia, a revolução entra na fase napoleônica – ou, talvez se devesse dizer, na fase stalinista. Em um programa de ataque e expansão, esses movimentos se beneficiariam, como seus predecessores jacobinos e bolcheviques, da vantagem de quintas-colunas em todos os países e comunidades com os quais partilham um mesmo universo discursivo.

Em termos amplos, os fundamentalistas muçulmanos são aqueles que sentem que os atuais problemas do mundo muçulmano resultam não de modernização insuficiente, mas de excessiva modernização, que vêem como uma traição aos autênticos valores islâmicos. Para eles, a solução é um retorno ao verdadeiro islã, incluindo a abolição de todas as leis e de outros arranjos sociais tomados emprestados do Ocidente, com a restauração da Lei Sagrada islâmica, a *shari'a*, como a efetiva lei da terra. De sua perspectiva, o conflito básico não é contra o intruso ocidental, mas contra o traidor ocidentalizador em casa. Seus inimigos mais perigosos, segundo vêem, são os muçulmanos falsos e renegados que governam os países do mundo islâmico e que importaram e impuseram costumes infiéis aos seus povos.

A questão é claramente desenvolvida em um panfleto de 'Abd al-Salam Faraj, um egípcio executado em abril de 1982 junto com outros acusados de terem planejado e instigado o assassinato do presidente Sadat. Seus comentários lançam alguma luz sobre a motivação daquele ato:

> A base da existência do imperialismo nas terras do islã são esses mesmos governantes. Para começar, a luta contra o imperialismo é um trabalho nem glorioso nem útil, mas apenas uma perda de tempo. Nossa obrigação é nos concentrarmos em nossa causa islâmica, e isso significa o estabelecimento, antes de qualquer coisa, da lei de Deus em nosso próprio país e o fazer com que prevaleça a palavra de Deus. Não há dúvida de que o primeiro campo de batalha da *jihad* é a extirpação dessas lideranças infiéis e sua substituição por uma ordem islâmica perfeita, e daí virá a liberação de nossas energias.[**]

Nos poucos momentos que se passaram entre o assassinato do presidente Sadat e a prisão dos assassinos, seu líder exclamou triunfantemente: "Eu matei o Faraó! Não tenho medo de morrer." Se, como foi amplamente entendido no mundo ocidental naquela época, o delito de Sadat, aos olhos dos seus assassinos, foi fazer as pazes com Israel, a escolha do epíteto Faraó pareceria particularmente inapropriada. Claramente, eles não estavam se referindo ao faraó dos modernos livros didáticos do Egito, a personificação da grandeza e glória do antigo Egito, mas ao Faraó do Êxodo, que, tanto no Alcorão quanto na Bíblia, é o tirano pagão que oprime o povo de Deus. É, sem dúvida, nesse sentido que Osama bin Laden referiu-se ao presidente Bush como o Faraó dos nossos dias. No tempo do Êxodo, os

---

** 'Abd al-Salam Faraj, *Al-Jihad: al-Farida al-Gha'iba* (Aman, 1982); tradução inglesa em Johannes J.G. Jansen, *The Neglected Duty: The Creed of Sadat's Assassins and Islamic Resurgence in the Middle East* (Nova York, 1986), p.159ss.

Filhos de Israel eram o povo de Deus. A maior parte dos muçulmanos atualmente não reconhece o moderno Estado de Israel como o legítimo herdeiro dos antigos Filhos de Israel – no Alcorão *Banu Isra'il* – e os assassinos de Sadat certamente não aprovavam suas negociações com aquele país. Mas, como ficou claro no interrogatório subseqüente dos assassinos e seus cúmplices, a paz com Israel era, a seus olhos, um fenômeno relativamente menor – um sintoma, não a causa da ofensa maior de abandonar a fé de Deus, oprimir o povo de Deus e macaquear as maneiras dos infiéis.

9 A Ascensão do Terrorismo

A maior parte dos muçulmanos não é composta de fundamentalistas e a maior parte desses não é terrorista, mas a maior parte dos terroristas atuais é muçulmana e tem orgulho de se identificar como tal. Compreensivelmente, os muçulmanos reclamam que a mídia fala de movimentos e ações terroristas como "islâmicos", e perguntam por que a mídia também não identifica os terroristas e o terrorismo irlandês e basco como "cristãos". A resposta é simples e óbvia – eles não descrevem a si mesmos como cristãos. A queixa muçulmana é razoável, mas deveria ser dirigida àqueles que se fazem matéria de notícias, e não aos que noticiam. Osama bin Laden e seus seguidores da Al-Qaeda podem não representar o islã, e muitas de suas declarações e ações contradizem diretamente princípios e ensinamentos islâmicos básicos, mas eles surgem de dentro da civilização muçulmana, tal como Hitler e os nazistas surgiram de dentro da cristandade, e também têm que ser situados em seu próprio contexto cultural, religioso e histórico.

Atualmente, existem diversas formas de extremismo. As mais conhecidas são o radicalismo subversivo da Al-Qaeda e de outros grupos semelhantes, espalhados por todo o mundo muçulmano; o fundamentalismo preventivo do *establishment* saudita; e a revolução institucionalizada da hierarquia governante iraniana. Todos esses são, num sentido, de origem islâmica, mas alguns deles estão muito afastados de suas raízes.

Sem exceção, esses diferentes grupos extremistas santificam sua ação através de referências pias aos textos islâmicos, notadamente o Alcorão e as tradições do Profeta, e todos clamam representar um islã mais verdadeiro, mais puro e mais autêntico do que o praticado atualmente pela vasta maioria dos muçulmanos e endossado pela maior parte, se não a totalidade, das lideranças religiosas. São, no entanto, altamente seletivos em sua escolha e interpretação dos textos sagrados. Ao considerar os ditos do Profeta, por exemplo, descartam os métodos tradicionais desenvolvidos pelos juristas e teólogos ao longo de séculos para testar a precisão e autenticidade de tradições transmitidas oralmente e, em vez disso, aceitam ou rejeitam até mesmo textos sagrados, dependendo de se esses apóiam ou contradizem suas próprias posições dogmáticas e militantes. Alguns chegam a descartar certos versículos do Alcorão como "revogados" ou "ab-rogados". O argumento usado para justificar isso é que versos revelados durante os primeiros anos da missão do Profeta podem ser substituídos por revelações posteriores, presumivelmente mais maduras.

Um exemplo esclarecedor de tais desvios foi a famosa *fatwa* decretada pelo aiatolá Khomeini em 14 de fevereiro de 1989 contra o romancista Salman Rushdie por causa de seu romance intitulado *Os versos satânicos*. Na *fatwa*, o aiatolá informou a "todos os zelosos muçulmanos do mundo que o sangue do autor desse livro ... que foi compilado, impresso e publicado em oposição ao islã, ao Profeta e ao Alcorão, bem como o daqueles envolvidos em sua publicação que conheciam seu conteúdo é, a partir de agora, declarado condenado. Conclamo todos os zelosos muçulmanos a executá-los rapidamente, onde quer que possam ser encontrados, de modo que ninguém ouse insultar as crenças e práticas islâmicas novamente. Qualquer um que seja morto nesse caminho será considerado um mártir".* Para com-

* O texto completo da *fatwa* foi publicado na imprensa iraniana e internacional na época.

pletar e antecipar as recompensas no paraíso, um fundo islâmico beneficente em Teerã ofereceu a quem matasse Salman Rushdie uma recompensa de 20 milhões de *tumans* (na época, três milhões de dólares à taxa oficial, cerca de 170 mil no câmbio livre) para um iraniano, ou um milhão de dólares para um estrangeiro. Alguns anos depois, a recompensa continuava sem ser reclamada, e o fundo aumentou os valores.

Como era de se esperar, muitos leitores desinformados no mundo ocidental ficaram com a impressão de que "decretar uma *fatwa*" era o equivalente islâmico de "colocar uma cabeça a prêmio" – isto é, visar uma vítima e oferecer uma recompensa monetária por sua morte. Tal como *madrasa*, a palavra *fatwa* adquiriu, no uso comum internacional, uma conotação totalmente negativa. Isso é, de fato, um absurdo monstruoso. *Fatwa* é um termo técnico na jurisprudência islâmica para uma opinião ou parecer legal sobre um aspecto da lei. É o equivalente na *shari'a* para a *responsa prudentium* na lei romana. O jurisconsulto islâmico que está autorizado a decretar uma *fatwa* é chamado um mufti, o particípio ativo para a mesma raiz. Ao usar uma *fatwa* para pronunciar uma sentença de morte e recrutar um assassino, o aiatolá estava se desviando consideravelmente da prática usual islâmica.

O desvio foi não só no veredicto e na sentença, mas também na natureza da acusação. Insultar o Profeta – a acusação feita a Salman Rushdie – é certamente uma ofensa na lei muçulmana, e os juristas discutem a questão em algum detalhe. Quase todas essas discussões giram em torno de um não-muçulmano vivendo em um Estado muçulmano que insulta o Profeta. Os juristas dedicam considerável atenção à definição de ofensa, às regras de obter evidências e à punição apropriada. Mostram grande preocupação com que as acusações dessa ofensa não sejam usadas como um artifício para conseguir alguma vingança particular, e insistem em cuidadoso escrutínio das provas antes que qualquer veredicto ou sentença sejam pronunciados. A opinião majoritária é que uma flagelação e uma pena de prisão são punições suficientes – a severidade da flagelação e o tempo de aprisionamento dependem da gravidade da ofensa. O caso do muçulmano que insulta o Profeta praticamente não é levado em consideração, e deve ter sido muito raro. Quando discutido, a opinião comum é de que se trata de um ato equivalente à apostasia.

Essa foi a acusação específica contra Salman Rushdie. A apostasia é uma das grandes ofensas na lei muçulmana, e resulta em pena de morte para homens. Mas a palavra importante nessa declaração é *lei*. A jurisprudência islâmica é um sistema de lei e justiça, não de linchamento e terror. Ela estabelece procedimentos de acordo com os quais uma pessoa acusada de uma ofensa deve ser levada a julgamento, confrontada com seu acusador e ter a oportunidade de se defender. Um juiz então dará um veredicto e, se for considerada culpada, pronunciará a sentença.

Existe, contudo, uma outra opinião, sustentada por uma minoria de juristas, de que a ofensa cometida por um muçulmano que insulta o Profeta é tão grande que se pode – e, na verdade, se deve – dispensar as formalidades de acusação, julgamento e condenação e passar diretamente para a execução. A base dessa opinião é um dito atribuído ao Profeta, mas de forma alguma aceito universalmente como autêntico: "Se alguém me insulta, então qualquer muçulmano que ouça isso deve matá-lo imediatamente." Mesmo entre os juristas que aceitam a autenticidade desse dito, existem discordâncias. Alguns insistem que alguma forma de procedimento ou autorização é requerida, e que morte sumária sem tal autorização é assassinato, e deve ser punida como tal. Outros argumentam que o texto dos ditos, tal como transmitido, deixa claro que a execução sumária e imediata do blasfemo é não apenas legal mas obrigatória, e que aqueles que não o fazem estão eles mesmos cometendo uma ofensa. Mesmo o mais rigoroso e extremado dos juristas clássicos requer apenas que um muçulmano mate qualquer um que ele ouça insultar o Profeta em sua presença. Não se diz nada sobre uma morte encomendada em função de um insulto dito em um país distante.

A santificação do assassinato contida na *fatwa* de Khomeini aparece, numa forma mais avançada, na prática – e no culto – do assassinato suicida.

Quando se examinam os registros históricos, a abordagem muçulmana da guerra não difere grandemente da dos cristãos, ou da dos judeus de épocas muito antigas e das mais modernas nas quais essa opção estava disponível para eles. Enquanto os muçulmanos, talvez com mais freqüência que os cristãos, fizeram guerra contra os seguidores de outros credos visando trazê-los para o âmbito do islã, os cristãos – com a notável exceção das cruzadas – tendiam mais a lutar guerras religiosas internas contra aqueles a quem viam como cismáticos ou heréticos. O islã, sem dúvida devido ao envolvimento político e militar de seus fundadores, tem uma visão que se poderia chamar de mais pragmática que a dos Evangelhos, no que se refere às relações de natureza social e estatal. Sua posição é mais próxima à dos livros mais antigos do Velho Testamento e à doutrina de esmagar os amalequitas, distanciando-se da visão dos profetas e dos Evangelhos. Os muçulmanos não são instruídos para dar a outra face, nem se espera que refundam suas espadas para transformá-las em arados e suas lanças em foices (Isaías 2:4). Essas admoestações certamente não impediram que os cristãos fizessem uma série de guerras sangrentas de religião dentro da cristandade e guerras de agressão fora dela.

Isso levanta a questão mais ampla relativa à postura das religiões quanto à força e à violência e, mais especificamente, ao terrorismo. Seguidores de muitos credos têm invocado a religião, num momento ou outro, na prática do assassinato, tanto no varejo quanto no atacado. Duas palavras derivadas desses movimentos nas religiões orientais estão hoje integradas a línguas ocidentais: *thug*, do híndi, significa, em inglês, assassino brutal, matador, e a palavra árabe *Hashishiyya*, que originou assassino em português e variações aproximadas em diversas outras línguas. Ambas celebram seitas religiosas fanáticas cuja forma de culto era executar aqueles a quem viam como inimigos da fé.

A prática e depois a teoria do assassinato no mundo islâmico surgiram bem no início, com disputas sobre a governança política da comunidade muçulmana. Dos primeiros quatro califas do islã, só o primeiro não foi assassinado: o segundo foi morto por um escravo cristão insatisfeito, o terceiro e o quarto por rebeldes pios muçulmanos que se viam como executores cumprindo a vontade de Deus. A questão manifestou-se de forma aguda em 656 d.C., com o assassinato do terceiro califa 'Uthman por rebeldes muçulmanos. A primeira de uma série de guerras civis resultou da questão sobre se os matadores estavam seguindo ou desafiando o mandamento de Deus. A lei e a tradição islâmicas são muito claras quanto à obrigação de obedecer ao governante islâmico. Mas também citam dois ditos atribuídos ao Profeta: "Não há obediência no pecado" e "Não obedeça a uma criatura contra seu criador." Se um governante ordena algo contrário à lei de Deus, então a obrigação de obediência é substituída pela obrigação de desobedecer. A noção de tiranicídio – a remoção justificada de um tirano – não foi uma inovação islâmica; na Antigüidade, era familiar entre judeus, gregos e romanos, e os que executavam o ato eram muitas vezes aclamados como heróis.

Membros da seita muçulmana conhecida como os Assassinos, que atuou no Irã e depois na Síria entre os séculos XI e XIII, parecem ter sido os primeiros a transformar o ato que lhes deu nome em um sistema e uma ideologia. Seus esforços, ao contrário da crença comum, foram dirigidos primeiramente não contra os cruzados, mas contra governantes muçulmanos a quem viam como usurpadores ímpios. Nesse sentido, os Assassinos são os verdadeiros predecessores de muitos dos chamados terroristas islâmicos de hoje, alguns dos quais explicitamente destacam esse ponto. O nome *Hashishiyya*, com sua conotação de "o que consome haxixe", foi dado a eles por seus inimigos muçulmanos. Chamavam-se a si mesmos *fidayeen*, do árabe *fida'i* – aquele que está pronto a sacrificar sua vida pela causa.

Após a derrota e o desaparecimento dos assassinos no século XIII, o termo saiu de uso. Foi brevemente revivido em meados do século XIX, por um pequeno grupo de conspiradores turcos que tramaram a deposição e talvez o assassinato do sultão. O complô foi descoberto e os conspiradores, presos. O termo reapareceu no Irã, nos chamados Fida'i yan-i islã, os *fida'is* do islã, grupo terrorista político-religioso de Teerã que, entre 1943, quando começou suas atividades, e 1955, quando foi extinto, levou a cabo um grande número de assassinatos políticos. Após uma tentativa mal-sucedida contra a vida do primeiro-ministro em outubro de 1955, foram presos, julgados e seus líderes executados. O termo foi novamente revivido pela ala militante da Organização para a Libertação da Palestina e, desde a década de 1960, designa ativistas terroristas das organizações palestinas.

Em dois aspectos – a escolha das armas e a escolha das vítimas – os Assassinos eram marcadamente diferentes de seus sucessores atuais. A vítima era sempre um indivíduo, um líder do alto escalão político, militar ou religioso visto como uma fonte do mal. Ele, e apenas ele, era morto. Essa ação não era terrorismo no sentido corrente do termo, mas sim o que é hoje chamado de assassinato dirigido a um alvo certo. A arma era sempre a mesma: a adaga. Os Assassinos desprezavam veneno, bestas e outras armas que pudessem ser usadas à distância, e o Assassino não esperava – ou, ao que parece, nem mesmo desejava – sobreviver a seu ato, que acreditava lhe garantir a bem-aventurança eterna. Mas em nenhuma circunstância ele cometia suicídio; morria nas mãos de seus captores. Os Assassinos foram finalmente derrotados por expedições militares que tomaram suas fortificações e suas bases no Irã e na Síria, os dois principais países nos quais operavam. Pode bem ser que os assassinos de hoje sejam igualmente derrotados, mas será um caminho longo e difícil. Os assassinos medievais eram uma seita extremista, muito afastados do cerne do islã. Isso não é verdade no caso de seus imitadores atuais.

O século XX trouxe uma renovação de tais ações no Oriente Médio, embora de tipos diferentes e com outros propósitos, e o terrorismo passou por diversas fases. Durante os últimos anos do Império Britânico, a Inglaterra imperial enfrentou movimentos terroristas em suas dependências no Oriente Médio, que representavam três diferentes culturas: gregos em Chipre, judeus na Palestina e árabes em Áden. Todos os três atuavam em nome de motivos nacionalistas, e não religiosos. Embora muito diferentes em suas raízes e particularidades políticas, os três eram substancialmente similares em suas táticas. Seu propósito era persuadir o poder imperial de que permanecer na região não compensava o custo em sangue. Seu método era atacar militares e, em menor proporção, pessoal administrativo e bases. Todos os três operavam apenas dentro de seu próprio território e geralmente evitavam danos colaterais. Todos os três tiveram sucesso em seus esforços.

Para o novo estilo de terroristas, a matança de civis inocentes e não-envolvidos não é um "dano colateral". É o principal objetivo. Inevitavelmente, o contra-ataque aos terroristas – que, por certo, não usam uniformes – também atinge civis. Essa dificuldade na distinção é imensamente útil para os terroristas e seus simpatizantes.

Graças ao rápido desenvolvimento da mídia, especialmente da televisão, as mais recentes formas de terrorismo visam não objetivos inimigos específicos e limitados, mas a opinião mundial. Seu principal propósito não é derrotar ou mesmo enfraquecer o inimigo militarmente, mas ganhar publicidade e inspirar medo – uma vitória psicológica. O mesmo tipo de terrorismo foi praticado por muitos grupos europeus, em especial na Alemanha, Itália, Espanha e Irlanda. A OLP está entre os de maior sucesso e mais persistência nessa prática.

A OLP foi fundada em 1964, mas tornou-se importante em 1967, após a derrota dos exércitos árabes combinados na Guerra dos Seis Dias. A guerra trivial havia falhado; era tempo de tentar outros métodos. Os alvos nessa forma de conflito armado não eram instituições militares ou governamentais, usualmente muito bem guardadas, mas locais públicos e aglomerações de qualquer tipo, que são esmagadoramente civis e nos quais as vítimas não necessariamente têm uma conexão com o inimigo declarado. Exemplos dessa tática incluem, em 1970, o seqüestro de três aeronaves – uma suíça, uma inglesa e uma norte-americana – que foram todas levadas para Aman; o assassinato de atletas israelenses nas Olimpíadas de Munique de 1972; a tomada da embaixada saudita em Cartum em 1973, quando dois norte-americanos e um diplomata belga foram assassinados; a tomada do cruzeiro italiano *Achille Lauro* em 1985, com o assassinato de um passageiro paralítico. Outros ataques foram dirigidos contra escolas, shopping centers, discotecas e até passageiros na fila em aeroportos europeus. Essas e outras operações da OLP tiveram notável sucesso em alcançar seu objetivo imediato – ganhar as manchetes dos jornais e espaço na televisão. Também conseguiram grande apoio em locais às vezes inesperados, e elevaram seus perpetradores a papéis de estrelas no drama das relações internacionais. Não é de admirar que outros se sentissem encorajados a seguir esses exemplos. Os terroristas árabes das décadas de 1970 e 1980 deixaram claro que estavam lutando em uma guerra por uma causa nacional árabe ou Palestina, não pelo islã. Na verdade, uma proporção significativa dos líderes e ativistas da OLP era cristã.

Mas, apesar de seus sucessos na mídia, a OLP não alcançou nenhum resultado significativo onde realmente importava – na Palestina. Com exceção da Palestina, os nacionalistas alcançaram seus propósitos em todas as terras árabes: a derrota e a partida de governantes estrangeiros e o estabelecimento da soberania nacional sob o comando de líderes nacionais.

Por algum tempo, liberdade e independência foram usadas mais ou menos como sinônimos e como termos intercambiáveis. No entanto, as primeiras experiências de independência revelaram que isso era um erro lamentável. Independência e liberdade são muito diferentes, e, com a maior freqüência, a obtenção de uma significou o fim da outra, com a substituição de dominadores estrangeiros por tiranos domésticos mais aptos, mais familiares e menos contidos em sua tirania.

Havia uma necessidade urgente e crescente de uma nova explicação do que estava errado e de uma nova estratégia para corrigir os erros. Isso foi encontrado nos sentimentos e identidade religiosos. Essa escolha não era nova. Na primeira metade do século XIX, quando os impérios europeus estavam avançando em muitas das terras do islã, a resistência mais significativa a seu avanço foi inspirada e definida sob o âmbito religioso. Os franceses na Argélia, os russos no Cáucaso, os ingleses na Índia, todos enfrentaram grandes levantes religiosos que só foram debelados após batalhas longas e difíceis.

Uma nova fase da mobilização religiosa começou com o movimento conhecido nas línguas ocidentais como pan-islamismo. Iniciado nas décadas de 1860 e 1870, provavelmente devia algo aos exemplos dos alemães e italianos que haviam sido bem-sucedidos em suas lutas pela unificação nacional naqueles anos. Seus contemporâneos e imitadores muçulmanos inevitavelmente identificavam a si mesmos e definiam seus objetivos em termos religiosos e comunais, e não nacionalistas ou patrióticos, pois esses, naquela época, ainda eram estranhos e pouco familiares. Mas, com a disseminação da influência e educação européias, essas idéias criaram raízes e, por algum tempo, dominaram tanto o discurso quanto o conflito nas terras islâmicas. Mesmo assim, a identidade e lealdade religiosas ainda eram profundamente consideradas, e se exprimiam em diversos movimentos religiosos, notavelmente os Irmãos Muçulmanos. Com o retumbante fracasso das ideologias seculares, esses movimentos ganharam nova importância e assumiram a luta – bem como muitos dos combatentes – dos nacionalistas fracassados.

Tanto para fundamentalistas quanto para nacionalistas, as várias questões territoriais são importantes, mas de uma forma diferente, mais intratável. Por exemplo, para os fundamentalistas, de modo geral, nenhuma paz ou acordo com Israel é possível, e qualquer concessão é apenas um passo na direção da verdadeira solução final – a dissolução do Estado de Israel, o retorno da terra da Palestina a seus verdadeiros donos, os palestinos muçulmanos, e a expulsão dos intrusos. No entanto, isso de forma alguma satisfaria as demandas dos fundamentalistas, que se estendem a todos os outros territórios disputados – e até mesmo sua aquisição seria apenas um passo na direção da última e mais longa luta.

Muito da antiga tática foi mantido, mas num modo significativamente mais vigoroso. Tanto na derrota como na vitória, os terroristas religiosos adotaram e aperfeiçoaram os métodos introduzidos de forma pioneira pelos nacionalistas do século XX, em particular a falta de consideração pela matança de circunstantes inocentes. Essa despreocupação alcançou novas proporções na campanha de terror desencadeada por Osama bin Laden no início da década de 1990. O primeiro exemplo importante foi a explosão de duas embaixadas norte-americanas na África Oriental em 1998. Para matar 12 diplomatas norte-americanos, os terroristas dispuseram-se a trucidar mais de 200 africanos, muitos deles muçulmanos, que estavam nas proximidades. Em uma edição lançada imediatamente após esses ataques, a revista fundamentalista *Al-Sirat al-Mustaqim*, publicada em árabe em Pittsburgh, na Pensilvânia, expressou seu luto pelos "mártires" que deram suas vidas nessas operações e listou seus nomes, fornecidos pelo escritório da Al-Qaeda em Peshawar, no Paquistão. O autor acrescentou uma expressão de esperança de que "Deus ... nos reunirá a eles no paraíso". A mesma falta de consideração pela vida humana, numa escala imensamente mais ampla, subjaz às ações em Nova York e Washington em 11 de setembro de 2001.

Uma figura significativa nessas operações era o terrorista suicida. Em um sentido, isso era um fato novo. Os terroristas nacionalistas das décadas de 1960 e 1970 geralmente tomavam cuidados para não morrer com suas vítimas, lançando seus ataques de uma distância segura. Se tivessem a má sorte de serem capturados, suas organizações usualmente tentavam, às vezes com sucesso, obter sua libertação fazendo reféns e ameaçando feri-los ou matá-los. Os antigos assassinos de inspiração religiosa, sobretudo os Assassinos originais, não se preocupavam em sobreviver a suas operações, mas não chegavam a se matar. O mesmo pode ser dito dos meninos-soldados iranianos na guerra de 1980-1988 contra o Iraque, que caminhavam por campos minados, armados apenas com um passaporte para o paraíso, limpando o terreno para as tropas regulares.

O novo tipo de missão suicida, no estrito senso da palavra, parece ter sido introduzido por organizações religiosas como o Hamas e o Hezbollah, que, a partir de 1982, realizaram inúmeras missões desse tipo no Líbano e em Israel. Continuaram durante os anos 1980 e 1990, com ecos em outras áreas como, por exemplo, no leste da Turquia, Egito, Índia e Sri Lanka. A partir das informações disponíveis, pareceria que os candidatos escolhidos para essas missões eram, com raras exceções, homens, jovens e pobres, freqüentemente de campos de refugiados. Recebiam a oferta de uma recompensa dupla – na vida futura, os prazeres detalhadamente descritos do paraíso; neste mundo, benefícios e estipêndios para suas famílias. Uma inovação notável foi o uso de mulheres-bomba – por terroristas curdos na Turquia, em 1996-99, e por palestinos desde janeiro de 2002.

Diferentemente do guerreiro ou assassino sagrado medieval, disposto a encarar a morte certa nas mãos dos inimigos ou captores, o novo terrorista suicida morre pelas próprias mãos. Isso levanta uma questão importante no ensino islâmico. Os livros da lei islâmica são muito claros quanto à questão do suicídio. É um grande pecado, punido com a danação eterna sob a forma da repetição sem fim do ato através do qual o suicida se matou. As seguintes passagens, tiradas das tradições do Profeta, ilustram a questão vividamente:

> O Profeta disse: Quem quer que se mate com uma lâmina será atormentado com aquela lâmina nos fogos do inferno.
> O Profeta também disse: Aquele que se enforca enforcará a si mesmo no inferno, e aquele que se esfaquear esfaqueará a si mesmo no inferno. ... Aquele que se lança de uma montanha e se mata lançará a si mesmo aos fogos do inferno para todo o sempre. Aquele que toma veneno e se mata levará seu veneno nas mãos e o beberá no inferno para todo o sempre. ... Quem quer que se mate de alguma maneira será atormentado da mesma maneira no inferno. ... Quem quer que se mate de alguma maneira neste mundo será atormentado do mesmo modo no dia da ressurreição.*

No passado as autoridades faziam clara distinção entre enfrentar morte certa nas mãos do inimigo e morrer pelas próprias mãos. Uma tradição muito antiga do tipo conhecido como *hadith qudsi*, indicando uma afirmação do Profeta citando o próprio Deus, provê um exemplo notável. O Profeta estava presente quando um homem ferido mortalmente na guerra santa matou-se para abreviar a sua dor. E então Deus disse: "Meu servo se antecipou a mim tomando sua alma com suas próprias mãos; portanto, ele não será admitido no paraíso." De acordo com outra antiga tradição, o Profeta recusou-se a rezar diante do corpo de um homem que havia morrido pelas próprias mãos.**

Duas características marcam os ataques de 11 de setembro e outras ações similares: a disposição dos executores de cometer suicídio

---

* Essas tradições e outras similares serão encontradas nas edições standard dos *hadiths*, por exemplo, o *Sahih* de al-Bukhari, *Recueil des Traditions Mahométanes*, vol.1, M. Ludolf Krehl (org.) (Leiden, 1862), p.363; vol.2 (Leiden, 1864), p.223-4, 373; vol.4, Th. W. Juynboll (org.) (Leiden, 1908), p.71, 124, 243, 253-4, 320, 364. Ver a discussão completa em Franz Rosenthal, "On Suicide in Islam", *Journal of the American Oriental Society*, vol.66 (1946), p.239-59.

** Citado *inter alia* por Ibh Hanbal, *Musnad* (Cairo, 1313; 1895-1896), vol.5, p.87.

e a crueldade daqueles que os enviam, indiferentes tanto à sorte de seus próprios emissários quanto à de suas numerosas vítimas. Poderiam esses aspectos, em qualquer sentido, ser justificados em termos do islã?

A resposta tem que ser um nítido não.

A fria destruição de milhares de vidas no World Trade Center, incluindo muitos não-norte-americanos, sendo alguns muçulmanos de países muçulmanos, não tem nenhuma justificativa na doutrina ou na lei islâmica e nenhum precedente na história islâmica. Na verdade, há poucos atos de tamanha perversidade deliberada e indiscriminada na história humana. Esses não são apenas crimes contra a humanidade e contra a civilização; de uma perspectiva muçulmana, também são atos de blasfêmia, quando aqueles que cometem tais crimes clamam fazê-lo em nome de Deus, Seu Profeta e Suas escrituras.

A resposta de muitos árabes e muçulmanos ao ataque ao World Trade Center foi de choque e horror diante da terrível destruição e carnificina, junto com vergonha e raiva de que isso tivesse sido feito em seu nome em nome de sua fé. Essa foi a resposta de muitos – mas não de todos. Houve relatos e até mesmo imagens de comemorações nas ruas de cidades árabes e de outras cidades muçulmanas às notícias de Nova York. Em parte, a reação foi de inveja – um sentimento que era também disseminado, de forma mais abafada, na Europa. Entre os pobres e miseráveis havia um certo grau de satisfação – de prazer mesmo, para alguns – ao verem os ricos e auto-indulgentes norte-americanos recebendo uma lição.

As respostas da impressa árabe aos massacres em Nova York e Washington mostravam um equilíbrio incômodo entre negação e aprovação, e eram bastante semelhantes a suas respostas ao Holocausto.* No que se refere ao Holocausto, não é incomum encontrar

---

* Para esses e outros relatos na mídia árabe, ver o Middle East Media Research Institute, Washington, D.C. (www.memri.org).

três posições na mídia árabe: nunca aconteceu; foi grandemente exagerado; de qualquer forma, os judeus mereciam. Quanto ao último ponto, alguns escritores mais empreendedores acrescentam uma reprimenda a Hitler por não ter terminado o trabalho. Ninguém ainda afirmou que a destruição do World Trade Center nunca aconteceu, embora, com o passar do tempo, isso não esteja além da capacidade de teóricos com visão conspiratória. O discurso atual entre muitos dos comentaristas muçulmanos – embora, de forma alguma, de todos – é argumentar que nem muçulmanos nem árabes poderiam ter feito isso. Em vez disso, oferecem outras explicações. Essas incluem supremacistas e milícias brancas norte-americanas, com referência, é claro, a Oklahoma e Timothy McVeigh; oponentes da globalização; europeus, chineses e outros contrários ao projeto do escudo antimísseis; os japoneses, como uma reprimenda há muito adiada à destruição de Hiroshima; e outras coisas do tipo. Um colunista chegou mesmo a sugerir que o ataque foi organizado pelo presidente Bush para desviar a atenção de sua eleição por "uma minúscula minoria que não teria sido suficiente para eleger um conselheiro distrital no Egito Superior". Esse escritor também denuncia Colin Powell como um cúmplice dos dois Bush.

A explicação mais comum atribui o crime, com pequenas variações, a seus vilões favoritos – a Israel, ao Mossad (em associação com a CIA, segundo alguns), aos Sábios de Sião ou, mais simples e naturalmente, aos "judeus". Isso lhes permite, ao mesmo tempo, reconhecer e repudiar os ataques. O motivo atribuído aos judeus é a intenção de fazer com que os árabes e, de maneira geral, os muçulmanos sejam mal vistos, semeando discórdia entre eles e os norte-americanos. Um colunista jordaniano acrescentou um tema interessante – que "as organizações sionistas" perpetraram o ataque para que Israel pudesse destruir a mesquita de Aqsa enquanto a atenção do mundo estivesse desviada para os Estados Unidos. Esse tipo de explicação não inibe – ao contrário, estimula – a idéia manifestada freqüentemente de que o que aconteceu, embora um crime, foi uma justa retribuição aos crimes norte-americanos. Talvez a resposta mais drástica – e explícita – tenha vindo do semanário do Hamas *Al-Risala*, em Gaza, em sua edição de 13 de setembro de 2001: "Alá respondeu a nossas preces."

Na medida em que o horror total da operação foi sendo mais bem conhecido, alguns escritores estavam dispostos a censurar os autores e expressar compaixão pelas vítimas. Mas mesmos esses raramente perderam a oportunidade de apontar que os norte-americanos haviam trazido aquilo para si mesmos. O catálogo de ofensas norte-americanas que citam é longo e detalhado, começando com a conquista, colonização e povoamento – palavras de conotação emocional – do Novo Mundo e continuando até os dias de hoje; também longa é a lista dos que caíram vitimados pela cobiça e crueldade norte-americanas na Ásia, África e América Latina.

Osama bin Laden deixou claro como percebe o conflito ao definir repetidamente seus inimigos como "cruzados". Os cruzados, é preciso lembrar, não eram norte-americanos nem judeus; eram cristãos lutando uma guerra santa para recuperar os locais sagrados da cristandade. Uma "carta à América" publicada em novembro de 2002,* atribuída a Osama bin Laden, enumera, em algum detalhe, vários insultos perpetrados não apenas pelo governo, mas também pelo povo dos Estados Unidos, e estabelece, em sete tópicos, "o que estamos clamando vocês a fazer, e o que queremos de vocês". O primeiro tópico é aceitar o islã; o segundo, "parar com suas opressões, mentiras, imoralidade e orgias"; o terceiro, descobrir e admitir que a América é "uma nação sem princípios ou costumes"; o quarto, deixar de apoiar Israel na Palestina, os indianos na Caxemira, os russos contra os tchetchenos, e o governo de Manila contra os muçulmanos no sul das Filipinas; o quinto, "arrumar suas malas e dar o fora de

---

* A íntegra do texto da carta, em árabe e inglês, foi amplamente divulgado via Internet em novembro de 2002. Dadas as diferenças de estilo e perspectiva, é improvável que seja da autoria pessoal de Osama bin Laden.

nossas terras". Isso é oferecido como um conselho para o próprio bem dos Estados Unidos, "para que não sejamos forçados e mandar vocês de volta como carga em caixões". O sexto, "encerrar seu apoio aos líderes corruptos em nossos países. Não interferir em nossas políticas e métodos de educação. Deixar-nos em paz, ou então nos esperar em Nova York e Washington; o sétimo, lidar e interagir com os muçulmanos com base em interesses e benefícios mútuos, em vez de políticas de subjugação, roubo e ocupação". O documento termina dizendo aos norte-americanos que, se recusarem esse conselho, serão derrotados como todos os cruzados anteriores, e "seu destino será o mesmo dos soviéticos que fugiram do Afeganistão para amargar sua derrota militar, destruição política, ruína ideológica e bancarrota econômica".

As alegações contra os Estados Unidos apresentadas nesse documento são muito detalhadas. Incluem, além da familiar lista de queixas específicas, uma variedade de acusações tanto gerais quanto particulares. Essas são de origem variada e usualmente reconhecível, refletindo as sucessivas ideologias que, em diferentes épocas, influenciaram os políticos e as políticas do Oriente Médio. Algumas datam da era nazista, tais como degeneração dos judeus e controle final por eles; outras, do período de influência soviética, como cobiça e exploração capitalista. Muitas são recentes, de origem européia e até norte-americana, e vêm tanto da esquerda quanto da direita. Incluem a poluição do planeta e a recusa de assinar os acordos de Kioto; a corrupção política através do financiamento de campanhas; o privilégio à "raça branca"; e, da direita, o mito neonazista da supremacia branca, segundo o qual Benjamin Franklin teria alertado quanto ao perigo judeu. O papel sinistro dos judeus é destacado em quase todas esses insultos.

Mesmo os vangloriados méritos do modo de vida norte-americano são transformados em crimes e pecados. A liberação das mulheres significa devassidão e seu uso comercial como "produtos de consumo". Eleições livres significam que o povo norte-americano escolheu livremente seus governantes e tem, portanto, que ser responsabilizável e punível pelos insultos desses – isto é, não existem "civis inocentes". O pior de tudo é a separação entre igreja e Estado: "Vocês são a nação que, em vez de legislar segundo a *Sharia* de Alá em sua Constituição e suas leis, escolhe inventar suas próprias leis segundo seu desejo e vontade. Vocês separam a religião de suas políticas, contradizendo a natureza pura que afirma a Absoluta Autoridade do Senhor e seu Criador." Em suma, "vocês são a pior civilização já vista pela história da humanidade". Esse julgamento se torna mais extraordinário por surgir num tempo em que as ditaduras nazistas e soviéticas ainda estão vivas na memória – para não falar de tiranias mais antigas preservadas nos registros históricos que Osama bin Laden e seus companheiros citam com tanta freqüência.

A razão básica é que a América agora é percebida como líder do que é indiscriminadamente designado como o Ocidente, cristandade ou, mais genericamente, as "Terras dos Incrédulos". Nesse sentido, o presidente norte-americano é o sucessor de uma longa lista de governantes – os imperadores bizantinos de Constantinopla, os imperadores romanos do Sacro Império Romano em Viena, a rainha Vitória e seus colegas e sucessores imperiais na Europa. Hoje, como no passado, esse mundo de incrédulos cristãos é visto como a única força rival autêntica obstruindo a disseminação divinamente ordenada do islã, resistindo e atrasando, mas não impedindo, seu triunfo final, inevitável e universal.

Não há dúvida de que a fundação da Al-Qaeda e as consecutivas declarações de guerra por Osama bin Laden marcaram o começo de uma nova e sinistra fase na história tanto do islã quanto do terrorismo. O que desengatilhou as ações de Bin Laden, como ele mesmo explicou muito claramente, foram a presença norte-americana na Arábia durante a Guerra do Golfo – uma profanação da Terra Santa muçulmana – e o uso da Arábia Saudita como base para um ataque ao Iraque. Se a Arábia é o local mais simbólico no mundo do islã, o segundo é Bagdá, a sede do califado por meio milênio e palco de alguns dos mais gloriosos capítulos na história islâmica.

Houve um outro fator, talvez ainda mais importante, guiando Bin Laden. No passado, muçulmanos combatendo o Ocidente puderam sempre se voltar para os inimigos do mundo ocidental em busca de apoio, fomento e auxílio material e militar. Agora, pela primeira vez em séculos, não existem tais inimigos úteis. Osama bin Laden e seus seguidores logo perceberam que, na nova configuração do poder mundial, se quisessem lutar contra a América, teriam que fazê-lo por eles mesmos. Em 1991, o mesmo ano em que a União Soviética deixou de existir, Bin Laden e seus seguidores criaram a Al-Qaeda, que incluía muitos veteranos da guerra no Afeganistão. Sua tarefa poderia ter parecido desencorajadora para qualquer um, mas não a viam dessa maneira. Segundo eles, já haviam tirado os russos do Afeganistão, numa derrota tão esmagadora que levou diretamente ao colapso da União Soviética. Vencido o superpoder que sempre haviam visto como o mais temível, sentiram-se prontos para enfrentar o outro; a seu modo, foram incentivados pela opinião, freqüentemente enunciada por Bin Laden, entre outros, de que os Estados Unidos eram um tigre de papel.

Os terroristas muçulmanos haviam sido movidos por tais crenças antes. Uma das mais surpreendentes revelações nas memórias dos que ocuparam a embaixada norte-americana em Teerã de 1979 a 1981 é que sua intenção original havia sido manter o edifício e os reféns apenas por uns poucos dias. Mudaram de idéia quando declarações de Washington deixaram claro que não havia nenhum risco de ações sérias contra eles. Finalmente, explicaram, soltaram os reféns apenas porque temiam que o presidente eleito, Ronald Reagan, pudesse abordar o problema "como um caubói". Bin Laden e seus seguidores claramente não têm tal preocupação, e seu ódio não é contido pelo medo e nem diluído pelo respeito. Como precedentes, citam repetidamente as retiradas norte-americanas do Vietnã, do Líbano – e, a seus olhos, o caso mais importante de todos – da Somália.

Os comentários de Bin Laden na entrevista com John Miller, da ABC News, em 28 de maio de 1998, são especialmente reveladores:

> Na última década, vimos o declínio do governo norte-americano e a fraqueza do soldado norte-americano, pronto para fazer guerras frias e despreparado para lutar longas guerras. Isso ficou provado em Beirute, quando os *marines* fugiram após duas explosões. Também prova que eles podem fugir em menos de 24 horas, o que se repetiu na Somália. ... [Nossos] jovens ficaram surpreendidos com o baixo moral dos soldados norte-americanos. ... Após uns poucos golpes, fugiram derrotados. ... Eles esqueceram isso de serem o líder mundial e o líder da nova ordem mundial. Partiram arrastando seus cadáveres e sua vergonhosa derrota.

Para Osama bin Laden, sua declaração de guerra contra os Estados Unidos marca a retomada da luta pela dominância religiosa do mundo, iniciada no século VII. Para ele e seus seguidores, esse é um momento de oportunidade. Hoje, os Estados Unidos são um exemplo da civilização e encarnam a liderança da Casa da Guerra; assim como Roma e Bizâncio, tornaram-se degenerados e desmoralizados, prontos para serem derrubados. Mas, a despeito de sua fraqueza, também são perigosos. Foi significativa a designação de "o Grande Satã" dada por Khomeini aos Estados Unidos, e, para os membros da Al-Qaeda, a sedução exercida por esse país e seu modo de vida extravagante e dissoluto representa a maior ameaça ao tipo de islã que desejam impor a seus companheiros muçulmanos.

Mas há outros para os quais os Estados Unidos oferece um tipo diferente de tentação – a promessa de direitos humanos, de instituições livres e de um governo representativo e que inspire confiança. Existe um número cada vez maior de indivíduos, e até alguns movimentos, que assumiram a complexa tarefa de introduzir tais instituições em seus próprios países. Não é fácil. Tentativas similares, como visto, conduziram a muitos dos atuais regimes corruptos. Dos 57 Estados membros da Organização da Conferência Islâmica, apenas um, a República Turca, tem mantido instituições democráticas funcionando por um longo período e, a despeito de dificuldades e problemas existentes, tem feito progressos no estabelecimento de uma economia liberal e de uma sociedade e ordem política livres.

Em dois países, Iraque e Irã, onde os regimes são fortemente antiamericanos, há oposições democráticas capazes de assumir o poder e formar governos. Nós, naquilo que gostamos de chamar de o mundo livre, poderíamos fazer muito para ajudá-las, e temos feito pouco. Na maior parte dos outros países da região, há pessoas que partilham nossos valores, simpatizam conosco e gostariam de ter parte no nosso modo de vida. Elas entendem o que seja liberdade e querem desfrutá-la em sua própria terra. É mais difícil para nós ajudar a essas pessoas, mas, pelo menos, não devemos lhes criar obstáculos. Se tiverem sucesso, teremos amigos e aliados no sentido verdadeiro dessas palavras, e não apenas no sentido diplomático.

Enquanto isso, há problemas mais urgentes. Se os líderes da Al-Qaeda podem persuadir o mundo do islã a aceitar suas opiniões e sua liderança, então teremos adiante um longo e amargo conflito, e não apenas para os Estados Unidos. A Europa e, mais particularmente, a Europa ocidental, é agora terra de uma comunidade muçulmana grande e rapidamente crescente, e muitos europeus estão começando a ver sua presença como um problema e, alguns, mesmo como uma ameaça. Mais cedo ou mais tarde, a Al-Qaeda e grupos relacionados a ela irão bater-se com os outros vizinhos do islã – Rússia, China, Índia – que podem provar-se menos melindrosos que os norte-americanos e usar seu poder contra os muçulmanos e seus princípios sagrados. Se os fundamentalistas estão corretos em seus cálculos e tiverem sucesso em sua guerra, então um futuro negro espera o mundo, especialmente aquela parte que segue o islã.

POSFÁCIO

O núcleo deste livro foi um artigo publicado no *The New Yorker* em novembro de 2001. Ao atualizá-lo, transformando um longo artigo em um pequeno livro, adaptei algumas poucas passagens de publicações anteriores, especialmente alguns artigos publicados em *Foreign Affairs* e *The Atlantic Monthly*. O restante é novo.

Vem agora a agradável tarefa de agradecer a todos que ajudaram na preparação e produção deste livro. Sou especialmente grato, mais uma vez, a meu incansável e inestimável editor, Joy de Menil, e a minha assistente, Annamarie Cerminaro, pelo permanente apoio e ajuda; a minha amiga Buntzie Churchill, por sua leitura crítica das primeiras versões e por sugestões para melhorá-las; a Eli Alsheck, estudante de Princeton que ajudou de vários modos no processo de pesquisa e preparação. Quaisquer faltas restantes são, por certo, inteiramente minhas.

ÍNDICE REMISSIVO

ESTA OBRA FOI COMPOSTA POR TEXTOS & FORMAS EM MINION E GILL SANS E IMPRESSA EM PROCESSO SOB DEMANDA PELA UM LIVRO SOBRE PAPEL OFFSET PARA A EDITORA SCHWARCZ A PARTIR DE 2024